给孩子的
经济学启蒙书

你买的东西从哪儿来？

［加拿大］凯文·西尔维斯特　　［加拿大］迈克尔·赫林卡　著
［加拿大］凯文·西尔维斯特　绘
翟阳　译

童趣出版有限公司编译　　人民邮电出版社出版
北　京

图书在版编目（CIP）数据

你买的东西从哪儿来？ / （加）凯文·西尔维斯特，
（加）迈克尔·赫林卡著；（加）凯文·西尔维斯特绘；
童趣出版有限公司编译；翟阳译. -- 北京：人民邮电
出版社，2023.10
　（给孩子的经济学启蒙书）
　ISBN 978-7-115-62353-9

　Ⅰ. ①你… Ⅱ. ①凯… ②迈… ③童… ④翟… Ⅲ.
①经济学－少儿读物 Ⅳ. ①F0-49

中国国家版本馆CIP数据核字（2023）第135419号

著作权合同登记号 图字：01-2021-4395

本书中文简体字版由安尼克出版有限公司授权童趣出版有限公司，人民邮电出版社出
版。未经出版者书面许可，对本书的任何部分不得以任何方式或任何手段复制和传播。
- Original title: Follow Your Stuff: Who Makes It, Where Does It Come From, How Does It
Get to You?
- Originally published in North America by Annick Press Ltd.
© 2019, by Kevin Sylvester (text) and Michael Hlinka (text); Kevin Sylvester (illustrations)

著　　　　：[加拿大] 凯文·西尔维斯特　　　[加拿大] 迈克尔·赫林卡
绘　　　　：[加拿大] 凯文·西尔维斯特
翻　　译：翟　阳
责任编辑：王宇絜
责任印制：李晓敏
封面设计：刘　丹
排版制作：美宸佳印

编　　译：童趣出版有限公司
出　　版：人民邮电出版社
地　　址：北京市丰台区成寿寺路 11 号邮电出版大厦 （100164）
网　　址：www.childrenfun.com.cn

读者热线：010-81054177　　　经销电话：010-81054120

印　　刷：天津千鹤文化传播有限公司
开　　本：889×1194　1/16
印　　张：6
字　　数：170 千字

版　　次：2023 年 10 月第 1 版　2023 年 10 月第 1 次印刷
书　　号：ISBN 978-7-115-62353-9
定　　价：48.00 元

目录

准备好
到世界各地去看看吧！

请注意！你即将开始一次特殊的"全球之旅"。

在旅途中你会看到许多外国的案例，可能与你在生活中了解到的情况有一些差异。这是正常的，在这样的差异中你能更好地了解"全球经济"。

相信你已经做好准备了，翻到下一页，出发！

你知道你穿的 T 恤衫是谁生产的吗？不看标签的话，你可以说出来它的产地吗？

事实上，我们使用、消耗和购买的所有东西都是由他人生产的，参与这个过程的可能有来自全球各个地区的数百万人！你可能永远不会遇到这些人，甚至可能不会知道是谁的辛勤工作帮助你度过了上一个寒冷的季节，或让你看起来更好一些。

不过，等等——你也许会说："这个蛋糕，是我从头开始做的啊！"

其实并非如此。"从头开始"意味着你已经获得了基础的原材料，你只是把它们组合在一起。蛋糕很美味，但并非完完全全只靠你自己制作出来。

有人种小麦，有人收获甘蔗，另一些人把它们变成你要用的面粉和糖，牛奶、糖衣、食品着色剂、巧克力……一切你能想到的原材料都是如此。

这些人是谁？

他们住在哪里？

他们如何工作？

如果这本书是 50 年前写的，很多生产者可能是你的邻居或是住在离你很近的村镇里。而由于科技进步、运输成本降低，以及其他一些我们将在这本书中介绍的原因，现在的生产者可能距离你几千千米，甚至更远。

并且，他们形成了一个关系链，比如从棉花种子或一些石头到你身上穿的 T 恤衫，到你的手机，或是到**你手里的这本书！**

当你买东西的时候，他们每个人都会获得你所支付的价格中的一小部分，有些人比另一些人获得的少得多——这就引出了关于全球经济*公平的一些问题。

你手里的这本书会尝试解释他们是谁，他们住在哪里（提示：各个地方！），他们如何获得报酬，以及你是如何参与到全球经济中的。

好的，系好你的安全带（墨西哥制造），戴好护目镜（加拿大制造，原材料来自印度尼西亚），翻到下一页，到**世界各地去看看吧！**

* 当我们谈到"全球经济"时，是指原料和产品来自世界各地，也销往世界各地。"全球"市场曾是针对某些产品（如茶叶、石油和香料）的，但是现在"全球化"几乎覆盖了所有产品。

关于全球化的好问题

稍等一下！我们还没有准备好"全球化"。

在开始前，我们必须先处理一个很大的问题。

"这个东西值吗？"

每次你打算去买东西的时候，都需要问这个问题。请注意，任何购买行为都会产生影响，并且是对全球的影响。事实上，这是个非常重要的问题，它会产生双重责任。你可以（且应该）从两个方面去问，不论哪一方面的回答都不是简单的**是或否**。

相对价值

一：
它是否值得购买（不论是什么商品）？

我们中的多数人并没有花不完的钱，所以当我们买东西时，需要抉择"是否值得"：它是否值得用辛苦赚来的钱去买？

这个问题的另一种问法是：50 美元* 的电子游戏和 50 美元的牛仔裤，哪一个更值？

当然，这是个有欺骗性的问题，这两个商品都需要 50 美元，但你可能愿意付 50 美元买其中一个而非另一个。这是个非常重要的概念，我们叫它"相对价值"。此处的"相对"是指即便价格相同，不同的商品对不同的人而言，价值的高低也不同。

制造商品的人和销售商品的人始终在平衡一件商品的制造成本和定价。如果没有人想买电子游戏，那它就不值 50 美元。价格目标总是在不断地变化。你会想要花 2000美元买一个金属犁吗？不会。但在 100 年前，

你肯定很愿意花这笔钱，因为犁是当时的人们想要且必需的东西。

制造商（生产商品的个人或企业）试图在削减或控制成本的同时依然有利可图，所以他们可能会购买更便宜的原料，比如更便宜的棉花或电脑芯片。降低成本可以让制造商的售价更低且利润更高。

另一项制造商可以控制的成本是工资。这让我们想到……

* 在本书出版前，1 美元大约可以兑换人民币 7.3 元。外币与人民币的兑换比例是随时变动的，你可以在中国银行官方网站上查询到最新的数字。

劳动者因制造了你所购买的商品而获得报酬，他们的技能和劳动力得到了回报。在理想世界中，做同样工作的人会根据其技能和工作的难度而获得报酬。但实际上，获得报酬的多少更多地取决于工人所在的地区，而非他们的工作表现。

一位德国的纺织工制作 T 恤衫，每小时可能得到 12 欧元*的报酬，而在危地马拉做相同工作的工人可能只能得到 1 美元。因此，你买一件危地马拉制造的 T 恤衫可能会更便宜，但这只是因为劳动者获得的报酬更少。

并不是所有人都能在"这到底是一件好事还是一件坏事"上达成一致。事实上，当谈到"公平工资"的时候，没有简单的答案。

在德国，每小时 12 欧元是最低工资标准，并且只是略低于当地所有劳动者的平均时薪。

而在危地马拉，每小时 1 美元的报酬是高于平均水平的。这就充分告诉我们这两个国家的差异，也说明了纺织企业为什么会愿意将工厂迁到危地马拉，而非在德国支付高工资。

他们应该给工人付更多工资吗？好问题。这只是工资对于全球经济影响的冰山一角。

* 在本书出版前，1 欧元大约可以兑换人民币 7.8 元。

在本书中，你会看到许多像上图这样的大问号，它们是在告诉你：是时候深入思考某个特定的问题了！这些问题也许是关于为了生产你所用的手机而挖矿的工人的工资，也许是关于产品自身的安全性。很多燃料被用来在世界各地运输商品，关于它们对环境的影响也是值得深入思考的。

我们不会给出问题的答案，但你可以提醒自己在每次购物的时候思考一下这些问题。

你是全球经济中巨大的一部分。你所花的每一元钱都是整个系统的一部分，会直接触及几十人、间接触及上百万人的生活。

好的，现在我们准备出发吧。

12 欧元

T恤衫？
更像是 "A到Z" 衫！

至少有几十人参与了把植物变成你身上穿的 T 恤衫所用棉花的这个过程。

那件看起来不错的 T 恤衫是你刚刚从购物中心的"Fits U 2 a T"店铺挑选的，T 恤衫上还有你最喜爱的 Globals(意为"全球的")乐队的徽标。假设你花了 25 美元来购买 T 恤衫(加上 2.5 美元的税＊，税会交给政府)，哪些人会获得哪些钱呢？

我们从头开始。

＊ 税率会因为你居住或购物的地点不同而变化。方便起见，本书中的税率将四舍五入至 10% 来计算。

在开始讨论前，还需要说明一点：在整本书中，我们都会讨论"利润"，但利润有两种——毛利和净利。

"毛利"是从售价中减去制造商品的成本后的利润。举例来说，如果一家企业生产一条裤子的成本是 10 美元，裤子的售价是 40 美元，那么毛利是 30 美元。

但是在销售过程中还有其他成本要考虑，如租金、保险费、电费等。一旦这些成本被纳入考虑，盈余就不足 30 美元了，而剩下的这部分盈余就是"净利"。如果生产和销售商品的总成本超过了商品的售价，就叫作"亏损"。

25.00
美元

总成本

非常有趣（棉花的乐趣）

一切都从一颗种子开始。
棉花在世界各地生长，但你的 T 恤衫所用的棉花是来自中国的一个农场。

农场主用机器在每英亩田地里播撒数千颗种子——1 英亩就是一个约为 0.004047 平方千米的大正方形。接着，农场主需要支付化肥及农药、灌溉用水、工人工资等费用，以确保作物能获得好的产量。

农场主可能会用机器收割棉花，也可能会用人工收割。从播种到收获，工人可以得到每英亩 15 美元的报酬。对于数月的劳作来说，这个报酬不算多。

在利润和人权之间总是有冲突。有些国家使用廉价的劳动力，甚至是强制劳动来收获作物。这能让你的 T 恤衫更便宜，但这样做是否值得？

每英亩的成本：

种子	100.00美元
化肥及农药	100.00美元
灌溉用水	4.00美元
机械设备	50.00美元
工人工资	15.00美元
商业成本（维修、燃油、保险）	150.00美元
合计	**419.00美元**

每英亩棉花产量大约 500 磅（1 磅 ≈ 0.45 千克）。棉花的价格是变化的，我们假设平均每磅棉花的价格为 1 美元，那就意味着农场主可以从每英亩棉花中获得 500 美元，但与此同时他需要支付 419 美元。

利润*：

500 磅棉花（1 美元 / 磅）

500.00 美元 **小计** − 419.00 美元 **成本** = 81.00 美元 **合计**

* 其中的净利或许更高或更低，这取决于当时的市场情况。商品（如棉花、牛肉、石油或天然气）都会受供求关系引起的价格变化的影响。如果暴风雨摧毁了一大片棉田，则供给减少（稀缺），价格就会上升；如果是个丰收年，棉花产量很大（供过于求），价格就会下降。

1 磅（0.45 千克） **= 16** 盎司（453.6 克）

= 6 盎司（170 克）

1 磅等于 16 盎司，1 件 T 恤衫约含 6 盎司棉花。这就意味着棉花只在你的 T 恤衫成本中约占 0.38 美元。

1 美元 / 磅 ×6/16 磅（棉花）≈

0.38 美元

在这一阶段，我们获得了大量的棉花球，在经过挑拣后，它们会被运往纺织厂，加工成布料。

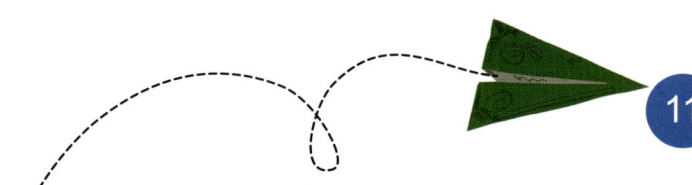

制造布料

未经加工的棉花会被送到纺织厂制成布料。世界各地都有纺织厂，而这件 T 恤衫所用的布料是在危地马拉生产的。

许多纺织工人被认为是"非技术工人"，只要经过少量的培训，几乎人人都可以做这种工作。这就导致一些纺织厂的工作条件很糟糕，包括工时长、工资低等。工人即使不满意，也无能为力。如果能提高这些工人的工资，你愿意为衣服多付钱吗？

棉花球被送进一系列机器里纺成线状，然后织成布料。工人每月会得到大约 325 美元的报酬（世界各地的报酬不太一样*）。

做 1 件 T 恤衫大约会用到 1 米布料。工厂里平均 10 分钟就有 1 件 T 恤衫被制作完成。

* 在斯里兰卡，纺织工人每月工资约 60 美元；在土耳其，纺织工人每月工资可能是 850 美元；而北美洲的纺织工人每月可能会得到 2600 美元。

每件T恤衫的成本：

工资	0.10美元
厂房及设备	0.25美元
处理纺织品的化学制剂*	0.20美元
给衣服染色的染料	0.30美元
利润	0.20美元
合计	**1.05美元**

* 整个制作过程中都会用到化学制剂。棉纤维在纺和织的过程中需要经过清洗，同时通常需要经过漂白，以确保颜色白得均匀。另外 Globals 乐队喜欢黄绿色，因此布料在被送到工厂做 T 恤衫前会经过染色。

这家纺织厂从中国和美国的工厂购买化学制剂和染料。

T 恤衫的成本，包含原料成本和工人工资等，现在已经达到 1.43 美元。

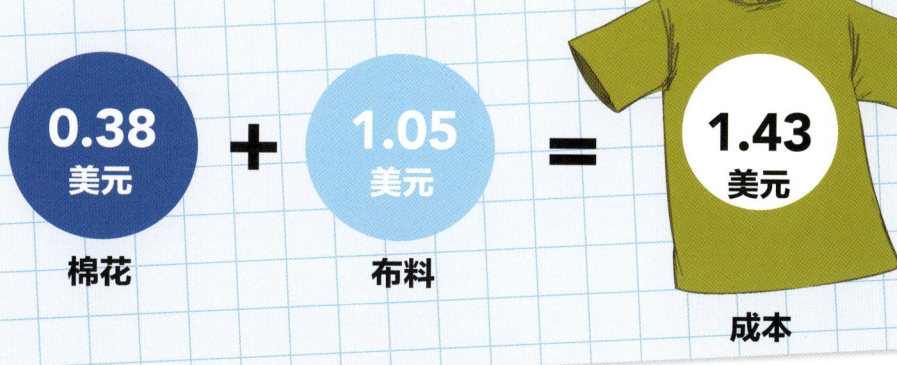

0.38 美元 棉花 **+** **1.05 美元** 布料 **=** **1.43 美元** 成本

成堆的布料现在正要通过海路被运送到工厂，进行剪裁、缝制，制成 T 恤衫。

缝在一起

棉花——现在是棉布的形式——已经被送到了工厂。看看你 T 恤衫上的标签，上面写着"印度"？这说明你的 T 恤衫是在印度的工厂生产的。

迫于需要快速而低价地制作服装的压力，很多工厂变成了"血汗工厂"。工人被塞进破旧的厂房里，长时间在过热的机器旁工作，几乎没有休息，且酬劳很少，甚至没有酬劳。2012 年，孟加拉国的一家工厂发生了严重火灾，致 100 多人死亡，这让人们认识到了这种工厂的环境是多么可怕和危险。你知道你所穿的 T 恤衫的生产环境如何吗？

被称为剪裁员的工人会按照公司提供的样板＊准确地剪裁布料。剪裁员每月工资约 105 美元，要剪裁成百上千片布料。

布料被剪裁好后，裁缝会把它们缝制成 T 恤衫。裁缝可能会坐在工厂的缝纫机旁工作，也可能会带布料回家缝制，再把成品带回工厂交付运输。不管哪种方式，裁缝每月工资约 125 美元，要缝制几百件 T 恤衫。

这两个工种的工人仅从他们所剪裁、缝制的每件 T 恤衫上得到几美分。

＊ 样板是由加拿大的设计师设计的。设计师会获得一次性支付的报酬，这项费用不会大幅增加 T 恤衫的成本。但如果没有设计师的设计，这件衣服不会很好看。

每件T恤衫的成本：

工资	0.65美元
设备	2.00美元
工厂（动力、燃油等）	1.00美元
租金及保险费	1.00美元
线*	0.02美元
代理商	0.20美元
存储费	0.10美元
利润	0.90美元
合计	**5.87美元**

* 裁缝用尼龙线把T恤衫的袖子和主体部分缝起来。这种线来自墨西哥的一个实验室，平均每件T恤衫消耗成本为0.02美元的线。这种线是石油产业的副产品，也就是原油提取燃油后剩余的物质。

1件缝制好的T恤衫的成本，包含原料成本和工人工资等，现已达到7.3美元。

0.38 美元 ＋ **1.05** 美元 ＋ **5.87** 美元 ＝ **7.30** 美元

棉花   布料   缝制   成本

它还需要有一个绝妙的徽标。

15

Globals乐队得到了版权费

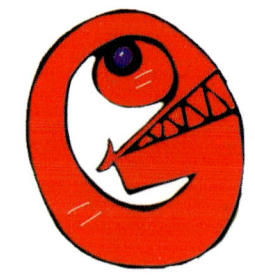

将徽标印在织物上的工艺被称为"丝网印刷"。

有些人认为可以不给设计者付费就使用其徽标。一些知名品牌的仿制品或伪造品的价格通常比正品低很多，并且可以在网上或世界各地的街边商店买到。也许超级知名品牌 Globals 不会因此受到很大冲击，但设计师会。每一次不合法的销售、购买行为都会伤害到设计师。你会付更多的钱来购买一件正版的 T 恤衫吗？

有时，印度的同一家工厂也可以印徽标，但这次是由在墨西哥的另一家工厂完成的。

印刷工人操作机器把徽标印在每一件 T 恤衫上。工人每月工资约为 150 美元，他在工作中的每分钟都在进行"把 Globals 的徽标印在 T 恤衫上"这项工作，包括把 T 恤衫放在印刷机上，用合适的角度印刷并晾干。

之后至少还需要 4 名工人把晾干的衣服叠起来，封进塑料袋，再放进箱子里运往商店。

每件T恤衫的成本：

工资	0.50美元
工厂成本（电费、燃油费等）	0.20美元
油墨	0.10美元
版权费*（给乐队）	1.00美元
利润	0.90美元
合计	**2.70美元**

* 向品牌方支付版权费后，才有使用其品牌的名字、艺术作品、徽标等的权利。T恤衫的制造商知道正版的 Globals T恤衫可以比普通黄绿色T恤衫的售价更高，所以制造商愿意付给乐队一些钱。

乐队成员没有自己设计徽标，他们聘请了洛杉矶的一位设计师来设计。并且每卖出 1 件 T 恤衫，乐队给设计师支付版权费的 10%，也就是每件 0.1 美元。

现在 1 件 T 恤衫的总成本是 10 美元。

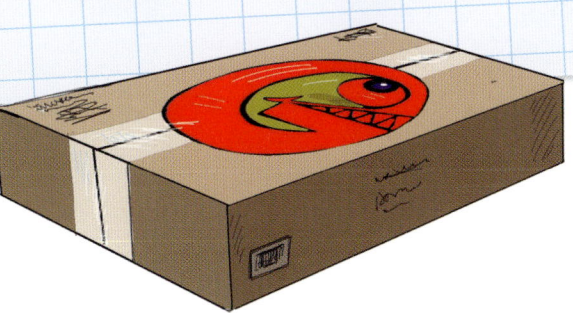

0.38美元	+	1.05美元	+	5.87美元	+	2.70美元	=	10.00美元
棉花		布料		缝制		徽标		成本

最终这件 T 恤衫被打包运送到商店，但旅途并未结束。

运输途中

在你放下辛苦赚来的钱之前，我们还要谈一谈等式中很大的一部分——运输。

运输与 T 恤衫生产的每个阶段都相关。这件 T 恤衫的每一次运输（不论以何种形式），都会给最终的产品增加一些成本。

当然，原料的运输就有很多人参与。

未经加工的棉花被从农场装载到海运集装箱中*，接着被运送到危地马拉。码头的工人卸下集装箱，再把棉花装到货车上以便运送到工厂。

运输一直在进行中。从危地马拉的纺织厂到印度的工厂，再到墨西哥的丝网印刷工厂，之后运送到 T 恤衫公司的仓库，最后运送到你家附近的商店。这个过程中也可能有火车或飞机参与。

* 能装载海运集装箱的巨型货运轮船带来了全球运输革命。像 T 恤衫这样的货物一次可以运输几百万件，平均每件只需几分钱的运输费用。运输成本可能会上升或下降，这取决于全球燃油价格。但因为货船非常大，整体的成本会由很多项目来分摊。

包含海运、陆运和工资等，1 件 T 恤衫的运输成本大约是 1.61 美元。目前，1 件 T 恤衫的总成本达到了 11.61 美元。

| 0.38 美元 | + | 1.05 美元 | + | 5.87 美元 | + | 2.70 美元 | + | 1.61 美元 | = | 11.61 美元 |
| 棉花 | | 布料 | | 缝制 | | 徽标 | | 运输 | | 成本 |

但等一下，你花了 25 美元购买这件 T 恤衫。那其余的 13.39 美元去哪儿了？

最后，我们要说一说你和商店。

成交

你决定买件新 T 恤衫，所以前往购物中心，去逛你最喜欢的店铺——Fits U 2 T 商店。

零售商支付给制造商 15 美元来购买 T 恤衫。

但 T 恤衫不是以 11.61 美元的成本生产的吗？没错儿，额外的 3.39 美元是"加价"——制造商增加一部分钱，以确保能负担成本并获取利润。如果零售商是制造商自营的（比如一家大型服装公司自己的店铺），加上加价后就是 T 恤衫的标价了。但 Fits U 2 T 是个独立的小型商店，所以它需要从制造商处采购 T 恤衫。

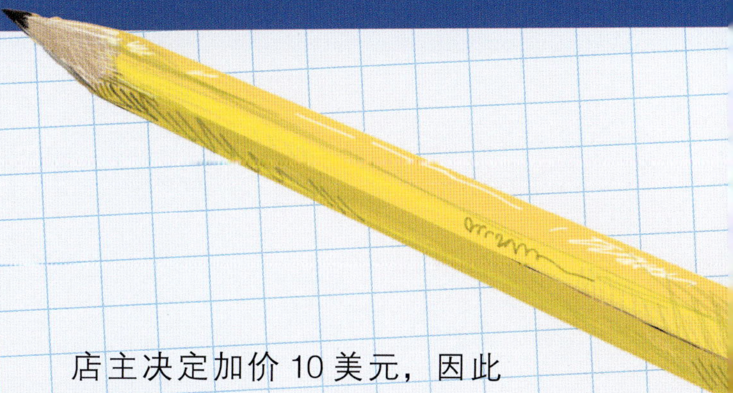

每件T恤衫的**成本**：

工资	1.00美元
租金	1.00美元
保险费	0.05美元
电费	0.50美元
取暖费	0.50美元
展架及陈列	0.24美元
广告费	0.10美元
合计	**3.39美元**

店主决定加价 10 美元，因此现在 T 恤衫的总成本为 25 美元。

0.38美元 + **1.05**美元 + **5.87**美元 + **2.70**美元 + **1.61**美元 + **3.39**美元 + **10.00**美元 = **25.00**美元

棉花　布料　缝制　徽标　运输　制造商加价　零售商加价　　成本

成本包括哪些？

很多，如电费、租金、保险费、税款等。

销售员每小时约赚 12 美元*。假设你逛 5 分钟就做出购买决定，那么销售员因你购买的 1 件 T 恤衫而赚到的 1 美元，也计入成本中。

* 有时，销售员会从每笔销售中都获得一部分报酬，也就是"佣金"。因此，他们销售得越多，赚得就越多。假设销售员可获得 10% 的佣金，意味着他售出价值 100 美元的服装，就可以获得 10 美元。

零售商会从每件 T 恤衫的加价中获取利润，店主从中获得自己的收入，但她也需要用一部分钱来采购更多 T 恤衫以及弥补其他未售出的商品的损失。

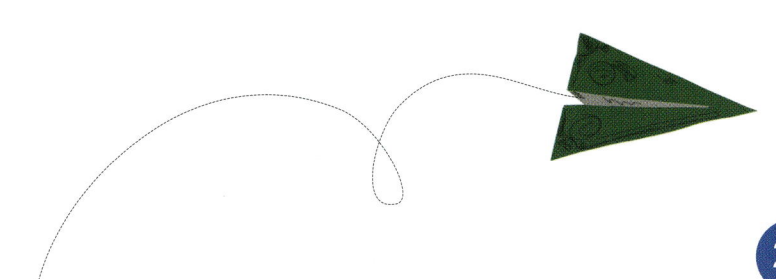

为了参与其中的人暂停一下

在我们把整个流程说完之前，暂停一下。

在本书的开篇我们提到，世界各地的工人都参与生产了你用的物品本身或其中的一部分。我们称之为"人链"。

这是非常重要的一点，并且他们是真实的人，所以我们想暂停一下，看看这条人链的规模有多么庞大。

我们从人的角度开始来看看你的T恤衫。

有农民种棉花。

但他们要依靠制造肥料的人。

制造肥料的人依靠化学家研究出的配方。如果用的是有机肥料，那么生产乳制品的农场主所养的奶牛可以提供肥料。这些农场主要依靠制作饲料的人和确保动物健康的兽医。而兽医需要依靠药品制造商来确保上述环节得以实现。

这只是把一粒种子播种并使其生长。每一个阶段的前后都与其他人相关。

有机器。它们要完成从地层中采矿的工作，此时就需要矿工、工程师和地质学家各司其职。还有那些为保障大家的工作而提供饮食的人呢！

还有电脑。它们也需要矿工，另外还要依靠程序员和芯片制造商。

最终，你看得越深，就越会发现几乎每个人都在某种程度上做了一些与你的T恤衫相关的工作。

这里有个有趣的游戏。说出一种工作，任意一种都可以。你能画出从这种工作到你的T恤衫之间的联系吗？

23

给你的T恤衫做个总结

你这件简单的 T 恤衫再也不像看上去那么简单了，对吧？我们甚至没有提及制造销售员用于录入销售数据的计算机的人，也没有提及在银行处理这些交易的人，更没有提及设计了你的塑料信用卡（也是由石油副产品制造的）芯片的人。好了，你大概知道了。

重述一下从种子到商店这一过程中的要点。

每件T恤衫的成本:

项目	成本
中国的农场主	0.38美元
危地马拉的纺织工人	1.05美元
印度的服装制造工人和世界各地的科学家	5.87美元
墨西哥的丝网印刷工人和Globals乐队	2.70美元
所有货车司机、码头工人、飞行员以及火车司机	1.61美元
制造商加价	3.39美元
你去逛的商店的店主和销售员	10.00美元
合计	**25.00美元**

0.38美元 + 1.05美元 + 5.87美元 + 2.70美元 + 1.61美元 + 3.39美元 + 10.00美元 = 25.00美元

棉花　　布料　　缝制　　徽标　　运输　　制造商加价　　零售商加价

总成本

制作你的 T 恤衫会涉及大量的碳。想一想，农场的设备运作，或每一次货车、船及飞机运输货物，或将未加工的原料从一处运到另一处，都要燃烧汽油。那么购买离生产地近的商品是否更有意义呢？也许会。但这样做可能会有更多成本，因为北美洲的工资更高（编者注：作者生活在北美洲），并且碳足迹也可能会更高。当大量原材料一起运输时，比如用大货车运输，可能需要燃烧大量汽油，但每件 T 恤衫所负担的量其实是很小的。

看一看这件 T 恤衫的各个部分从棉花到运送到商店一共经过了多远的距离？
一共 47918.01 千米。

化学制剂

染料

机器

纺织厂

运输

棉花

丝网印刷

商店

工厂

T 恤衫的故事足够典型吗？从某些方面来说，是的。比如工资成本和运输成本是每种商品都有的，但其他商品在全球经济中有各自独特的路径。

喷雾器和药品

当人们生病时，或是需要外物帮助恢复身体或精神的健康时，大多都会选择吃药。

如果你患有哮喘*，而你朋友的新T恤衫上有宠物猫的毛。哎呀！你开始流泪，并且感到肺部被胀满。赶紧抓起喷雾器！

哮喘患者通常需要使用吸入器或喷雾器式药物。这类药物可以扩张呼吸道，放松肺部和胸部周围的肌肉，帮助患者摄入更多氧气。呼……缓解了！

喷雾器的价格可能取决于你住在哪里。比如在加拿大，每个喷雾器的成本大约是40美元；而在美国，大概要200美元。**这是为什么呢？**

* 哮喘的英文"asthma"源自希腊语，意思是"呼吸困难"。这种情况在很多古老的神话故事里都有描述。

原因有很多（之后我们会详细探究其中的一些原因，因为我们在全球范围内跟踪调查了喷雾器和它的各个组成部分），但主要原因有两个：

政府政策。有些政府的医疗系统可以负担部分医疗费用，所以人们在药房不用支付药品的全价。政府也可以对药品设置价格限制，防止医药公司要价过高。

保险范围。你或你的家庭也许购买了健康保险，可以用于支付部分或全部药价。所以药店向你收取全价，比如 200 美元，但你可以报销全部或部分（如果你没有购买或是负担不起保险，就不得不自行支付药品的全价了）。

基于讨论的目的，我们来看看这个 60 美元的喷雾器。

做个深呼吸，我们走吧。

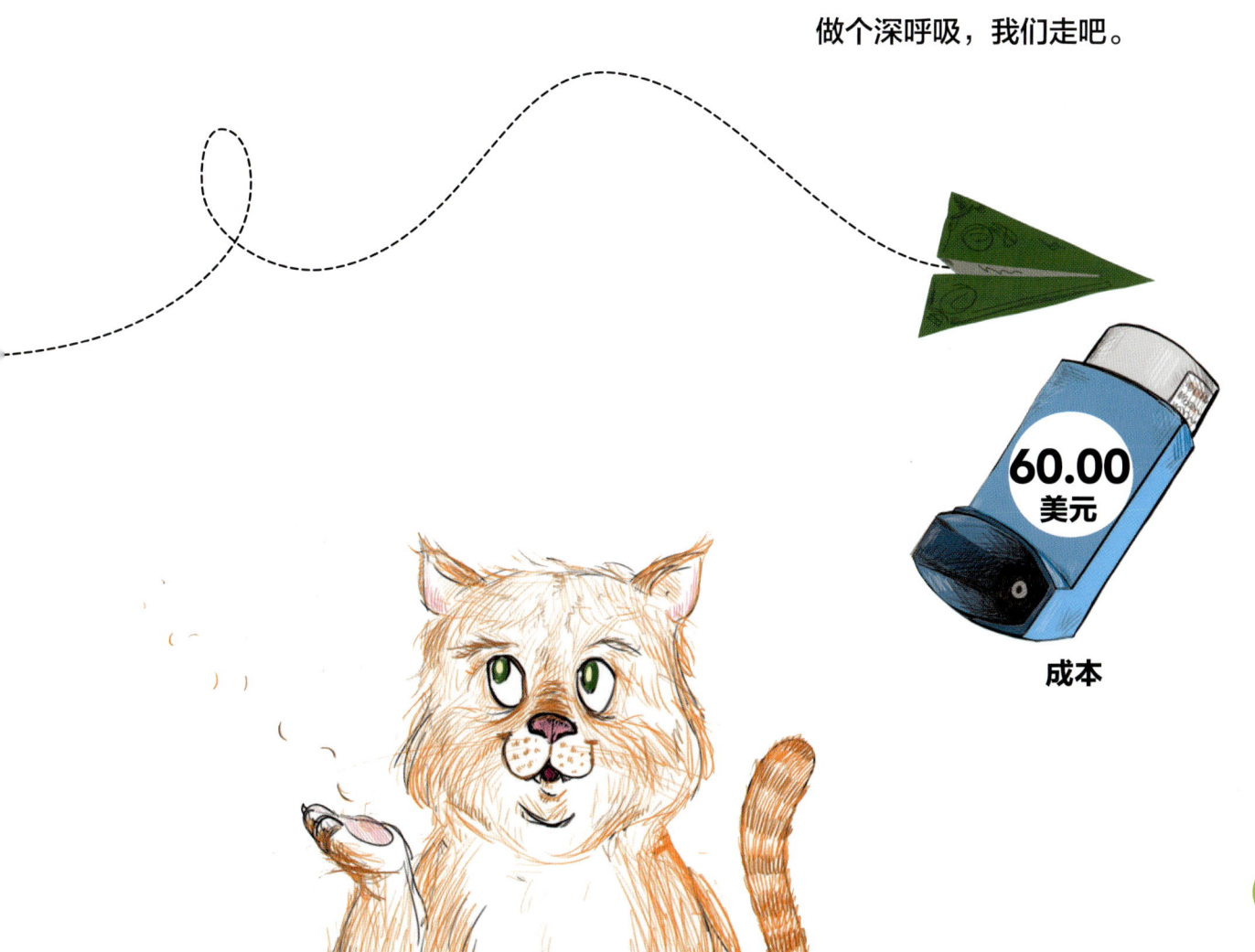

60.00 美元

成本

深呼吸

人们的呼吸困难问题，从……
人类诞生开始。

早期的治疗师就将吸入药物与
人们的康复联系到一起了。比如古埃
及人建议病人吸入草药燃烧后的烟。

大约 250 年前，英国医生约
翰·马奇制作了第一个"喷雾器"——
一个盖子上有洞的锡质杯子。患者
在杯子里装上热水和医生开的药，
药被加热后，患者通过一根吸管吸
入药物产生的雾。

19 世纪末，艾伦·德维尔比斯医生
发明了一种叫"雾化器"的设备。它是一
个可挤压的球状物，能使空气经过装有液
态药品的容器时把药品转化成雾。之后他
的公司生产这种装备来装香水。

这些治疗方法只适合那些在当时能看得起
私人医生且负担得起昂贵药费的人。

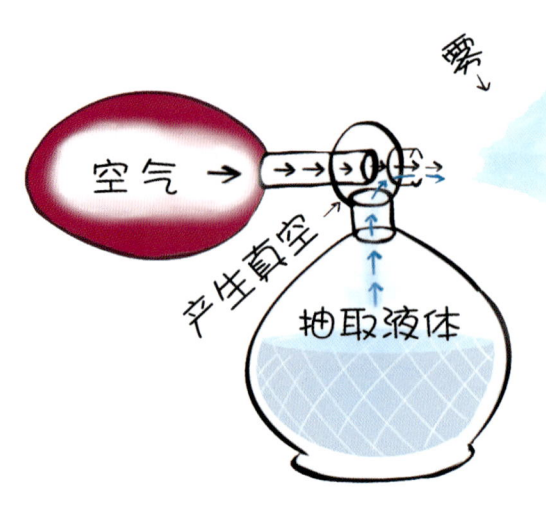

20 世纪 50 年代，美国医生乔治·梅森设计出了现代版的吸入器，或者叫喷雾器。它通过高压把大量药物封在其中。这种喷雾器比 19 世纪笨重的吸入器更便携且更便宜。患者可以随身携带喷雾器以防哮喘发作。乔治医生的女儿就患有哮喘。

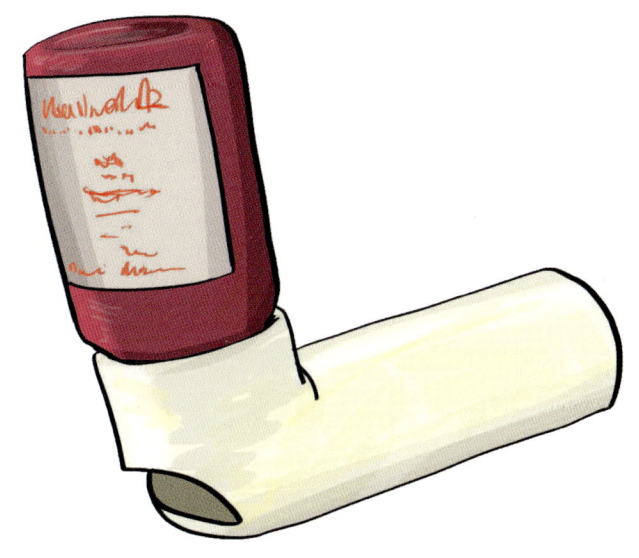

此后，发明家、医生、医药公司一直致力于将喷雾器简化。在这个过程中，他们改进了喷雾器中的药品和它的运作模式。

最常用的一种药是沙丁胺醇*。

* 沙丁胺醇是 20 世纪 60 年代由一位英国化学家发明的。这种药被世界卫生组织列入"基本药物标准清单"——这是为想要建立卫生系统的国家准备的"购物清单"。

我们现在所讲到的喷雾器的制造商是世界物品药品局（GGP）。

让我们看看在现代化的世界中，喷雾器是如何制造出来的。

获取原料

为制造沙丁胺醇，GGP 需要多种原料。

其中一种原料是硫酸——剂量没有大到造成灼烧，但是足以放松肺部肌肉。

为生产硫酸，需要硫黄——可以从石油副产品中得到，但传统的方法是从地层中开采。通常开采自印度尼西亚、智利和日本。

氯化钠是其中的另一种原料。它基本上就是盐，来自盐矿，比硫酸稍稍便宜一些。

硫黄是火山喷发带来的天然副产品。全世界最大的硫黄矿之一位于印度尼西亚的一座名为宜珍的活火山。工人们徒手掰下来一大块矿石，再用篮子抬出去。矿工平均每天赚取 8 美元。他们需要把未加工的硫黄抬到 3 千米外的城镇。你觉得这份工作的薪水公平吗？

* 硫酸的化学式

GGP 以每吨 125 美元的价格购买硫黄，再送往位于俄罗斯的加工厂。硫黄在一系列反应槽中进行燃烧、冷却、加热、再冷却，最后在气体中加入冷水以产生硫酸。经过这样处理的 1 吨硫黄大约产出 3 吨硫酸。

化学家控制并监管整个流程，其他技师控制水的质量、维护机器，并把最终产品存储于特定的罐中。

GGP 以每吨 200 美元的价格销售硫酸，但其中只有极小的部分被用于生产沙丁胺醇——每个喷雾器中的硫酸用量少于 0.01 毫克，而 1 吨等于 10 亿毫克。由于用量非常非常少，复合矿物和化学家的成本只在你的喷雾器成本中占很小的比例。

0.04
美元

但有很多人参与到把硫酸带入下一个阶段——GGP 实验室。

制造药品

GGP 实验室的化学家把原料合成化合物，制造出药品。

原料被装入特殊的集装箱货车中，并被运送到位于美国新泽西州的 GGP 加工厂。这是个非常大的实验室，里面的一切都要尽可能地保持清洁、无菌。

硫酸和氯化钠被注入一个叫作反应池的特殊水箱中发生化学反应，把未经加工的化合物变成你所用的药品。在此过程中需要大量的水和能量。

一个化学家团队会根据预先设定好的方案监控药品的装配，他们会检测每批完工的药品是否有杂质。

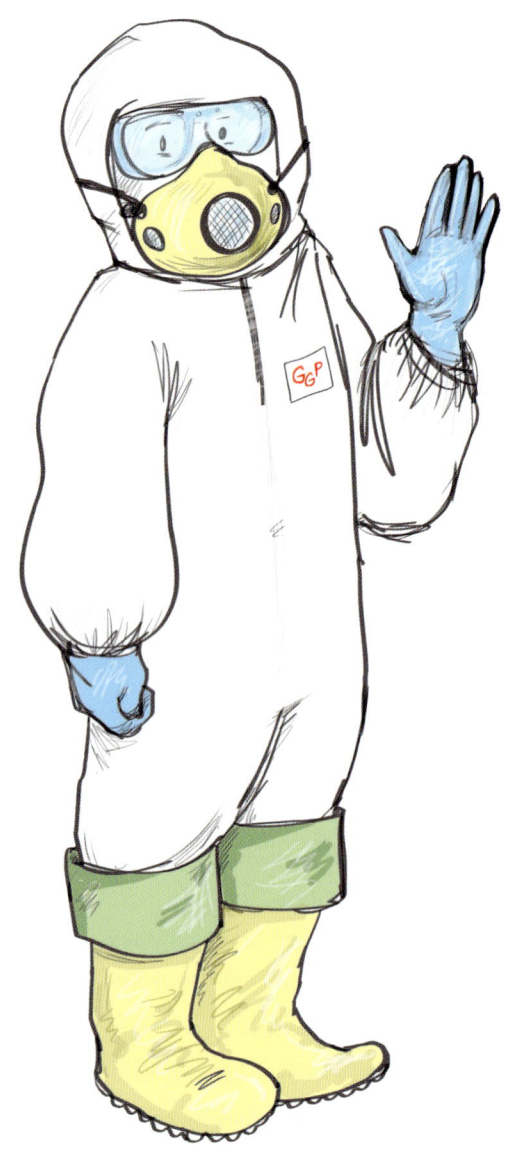

工人们穿着的工服类似于航天服，它们要确保工人的安全，使工人不受危险原料的伤害，并且要杜绝如头发之类的物品污染药品。这些工服由专门生产安全设备的公司生产，由人造纤维，如塑料、乳胶、橡胶等制作。

每个喷雾器的成本：

工资	1.00美元
机械设备	1.50美元
水	0.005美元
电	0.01美元
塑料	0.07美元
合计	**约2.59美元**

下一个阶段是把加压的气体装入喷雾器的小罐子里。这一过程在很大程度上实现了自动化*，但是会由一个经过培训的技师或质量管控员进行监控。

金属罐由 GGP 在土耳其的工厂生产。罐中有一个阀门，可以控制每次按压所释放的药品剂量。

* 自动化是现代经济中的重要组成部分。过去曾经由人从事的一些工作，现在已经被机器或机器人所替代。其中有的是因为非常危险，比如处理化学制剂；也有的只是因为由机器来做比人工制作更快捷、更便宜，比如组装汽车零部件。

工厂每天要将几千个喷雾器装箱。从工资到运输，每个过程的成本都很高，但由于药品产量很大，这些成本由几百万份药品分摊。

目前，喷雾器和里面的药品的成本为 2.63 美元。

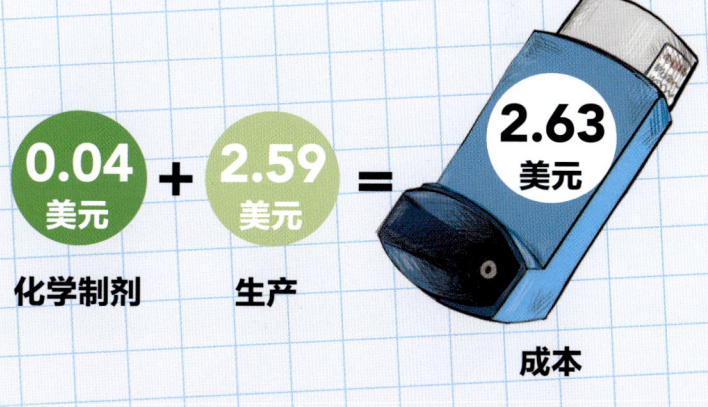

0.04 美元 化学制剂 **+** **2.59 美元** 生产 **=** **2.63 美元** 成本

那么其他成本从何而来呢？其实最大的一部分成本的产生比药品制造要早得多。

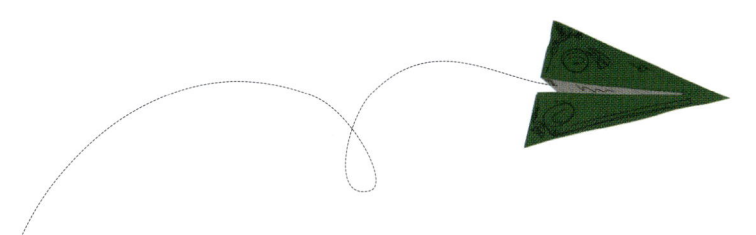

实验，实验

> 实验室里的人并不只是生产药品，他们也研究新的治疗方法。这并不容易，也不便宜。

研究和实验的花费是制药公司为药品成本高给出的一个主要原因。可能一个喷雾器中的化学制剂只值几美分，但是制药公司需要为研发该药品并确保其安全有效而投入的资金和时间成本收回一些补偿。

一项研究表明，仅仅是研发一种药品至最终生产并投入市场，就需要花费近 30 亿美元。目前，全世界有几千种药品正处在研发和实验阶段。在美国，食品药品监督管理局每年只批准 40 至 50 种药品。

假如世界上出现了一种新型疾病，是由一种可恶的病毒——X23D 导致的。

GGP 的科学家会研究 X23D 的构成。基于多年的学习和研究经验，科学家借助计算机推测哪些化学成分可能能够消灭该病毒，或使其失效。他们会混合不同的化合物进行测试，并期待其中一种有效。

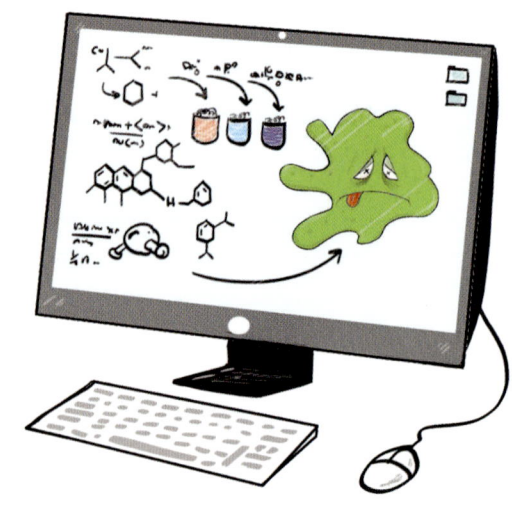

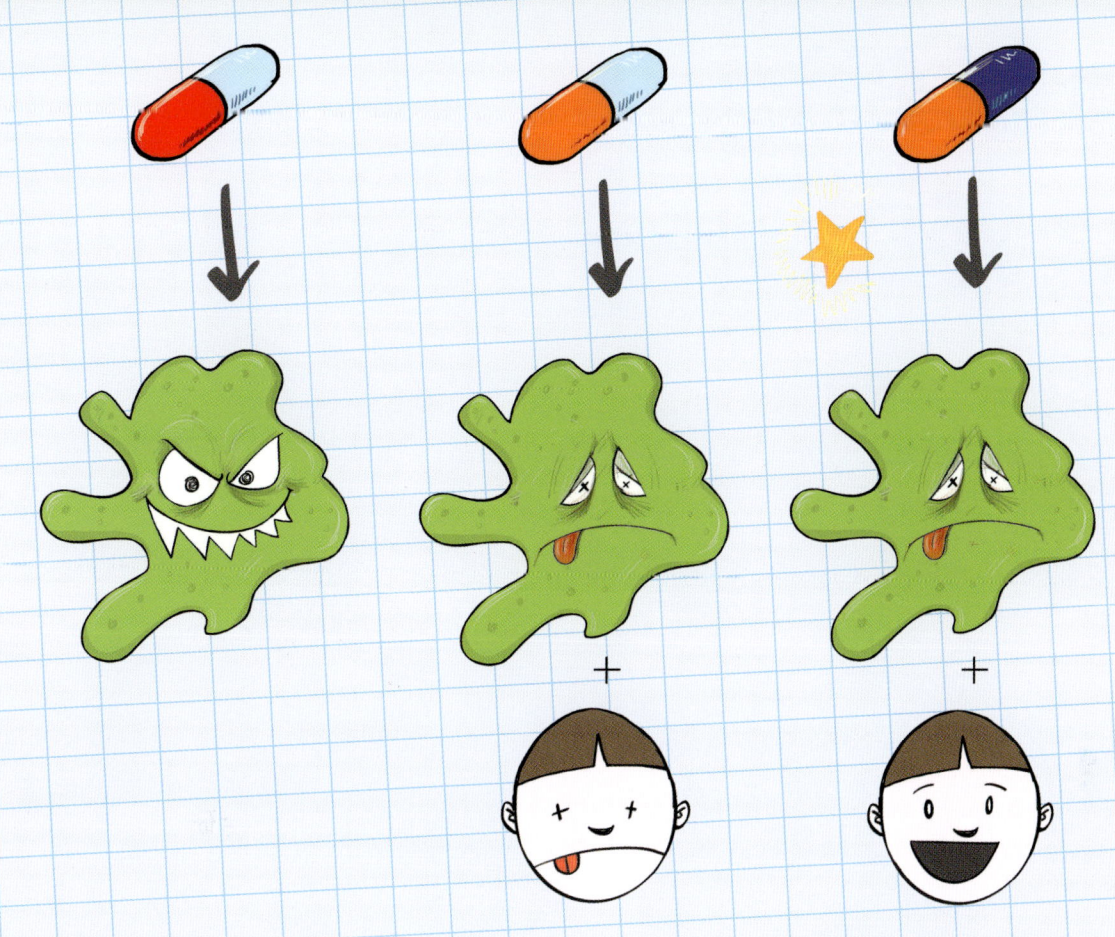

GGP 开始进行"临床前"实验。这个环节只在实验室进行，且通常是在试管中进行的。实验能让科学家知道很多信息。比如一些化合物可能会对 X23D 有效果，但毒性太大，人类无法使用；另一些化合物可能无效或效果微弱。

所以科学家会反复地调整、实验、再实验，直到找到一些化合物既能对 X23D 有效，又对人体安全。

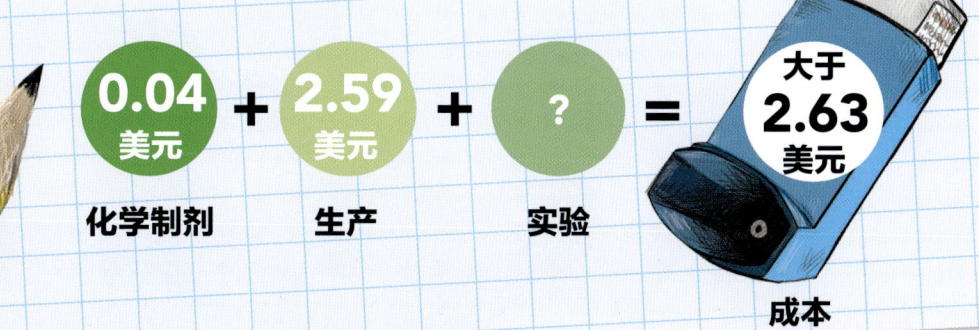

0.04 美元 + **2.59** 美元 + **?** = 大于 **2.63** 美元

化学制剂　　生产　　实验　　成本

但是从制造出药品到投入市场，还有一段很长很长的距离。

实验 继续实验……

> 如果药品在实验室里有效，却对人体无效，问题出在哪儿？

一旦 GGP 认为某品药物有效，他们会向政府申请进行临床试验。先从动物实验开始，看一看药品是否会像 GGP 认为的那样有效，并且安全。

之后是人体实验，先小规模（通常是在一群志愿者中）实验，如果没有问题再扩大规模。如果这种新药能够安全、有效地消灭 X23D，就会得到批准，之后会被列入医生的处方范围里，并且 GGP 可以开始生产这种药。

即便如此，GGP 还需要经过数年时间才能知道这种新药的有效程度。它能维持多久的有效期？它是只适用于一部分感染 X23D 的人，还是对大多数患者都有效？它是否会在服用的多年后出现长期副作用？

GGP、政府和大学里的研究员、临床医师、护士和医生等，都会对这种药品进行多年的研究。这些都需要花钱。

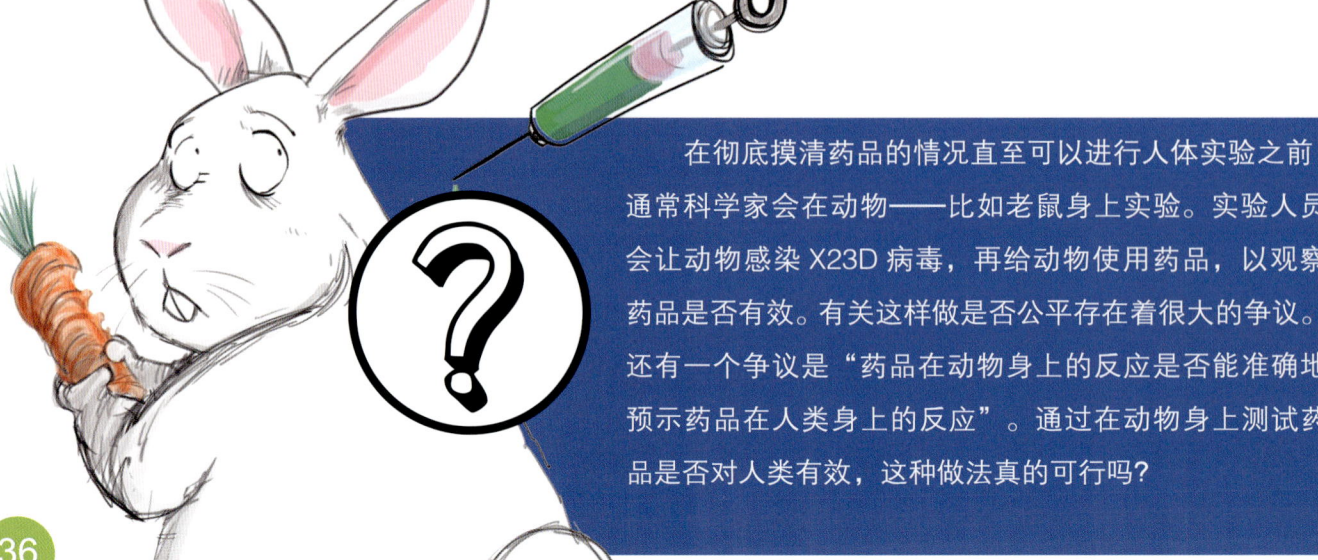

在彻底摸清药品的情况直至可以进行人体实验之前，通常科学家会在动物——比如老鼠身上实验。实验人员会让动物感染 X23D 病毒，再给动物使用药品，以观察药品是否有效。有关这样做是否公平存在着很大的争议。还有一个争议是"药品在动物身上的反应是否能准确地预示药品在人类身上的反应"。通过在动物身上测试药品是否对人类有效，这种做法真的可行吗？

一旦 GGP 成功研发了新药，就会申请专利*。专利表示 GGP 拥有这个特定的配方，其他任何人如果不向他们付款，就不可以使用该配方。这种做法也让 GGP 能够收回研发药品的部分成本，因为他们可以按照自己的意愿为专利定价。

药品是个大生意。

* 专利具有时效性，比如本案例中的专利会在 10 年后失效。到那时配方就会被公开，其他公司可以生产"无厂家商标"的药品。无厂家商标的药品几乎都比原版便宜。

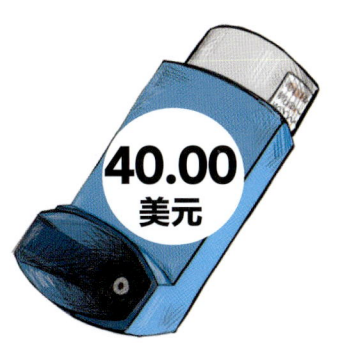

大生意

有一个关于马丁·什克雷利的"著名（臭名昭著）"案例。他的图灵（Turing）制药公司买下了药品乙胺嘧啶的所有权，随即大幅度提高了药品售价。在他的公司买下乙胺嘧啶之前，这种药每片售价是 13.5 美元。之后呢？变成了 750 美元。什克雷利辩称他的公司只是需要挣更多钱。你认为应该如何平衡药品利润和病人的需求？

GGP 是一个私营公司，有股东和几千名员工。股东是把钱投给公司以帮助其运营的人，作为回报，他们会在公司的每一份利润中获得相应份额的收益（当然，如果公司亏损，他们也面临承担损失的风险）。这些股东需要（并且想要）得到回报，公司也想将成功药品获得的利润投入研发其他药品，如治疗癌症的药品中。

GGP 估算喷雾器从生产到投放市场的成本，除了喷雾器本身的 2.63 美元，还需要额外的 35～42 美元来补偿公司投入研发的费用，再加上分给股东的利润。所以喷雾器在实验阶段的成本估算为 37.37 美元。现在成本达到了 40 美元。

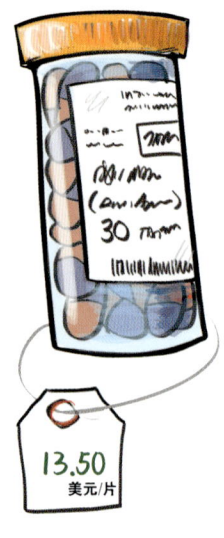

13.50
美元/片

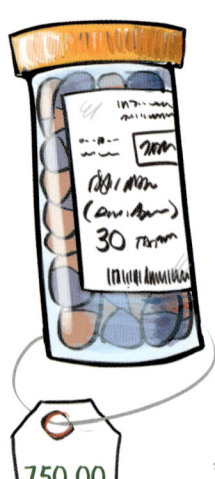

750.00
美元/片

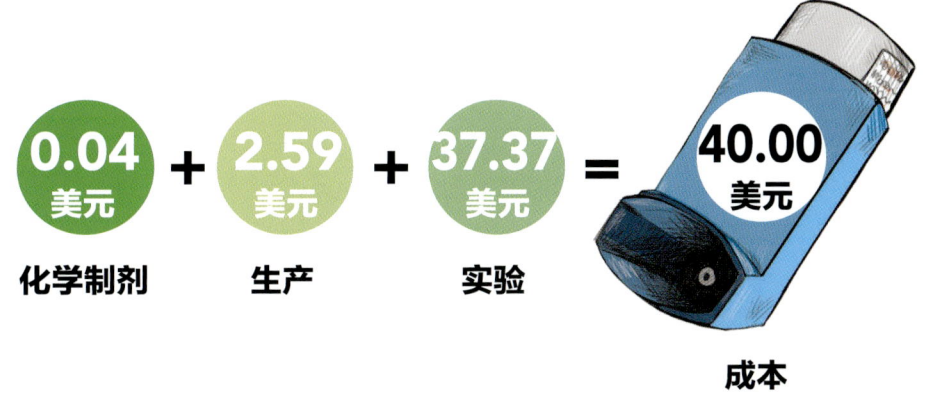

0.04 美元	+	2.59 美元	+	37.37 美元	=	40.00 美元
化学制剂		生产		实验		成本

说回 60 美元的喷雾器。

我们已经说到了数百人在矿山、实验室、医生的办公室等地方各司其职，共同参与喷雾器的生产，将药品提供给需要的人。所有这些加起来的成本大约为 40 美元。但为什么你需要支付 60 美元或更高的价格来购买它呢？

设定药品的价格

这趟旅行的最后一个阶段是去你所在城市的药房。

药剂师以 48 美元的价格从 GGP 购买喷雾器（给制造商 8 美元的加价）。然后他会再加价 10 美元以及 2 美元的分销费，这就意味着喷雾器的成本增加了 20 美元。

有时候后两项加价会合并，加价负担药店的常规成本（估算为每个喷雾器 3.35 美元），而分销费负担与药品直接相关的成本。

药剂师经过多年的培训才能上岗，他除了能卖给你像喷雾器这样预混合的药，还能卖给你有"最佳使用期限"的药，如抗生素。

药剂师需要经过 4 年的学习才能拿到博士学位，在此之前至少需要花 3 年时间获得本科学位（编者注：本书作者所在国家的学制与中国不同）。在此期间，他需要支付 1.2 万~10 万美元不等的学费*，也就是他需要用收入来偿还的债务。不过，这仍是一项利润丰厚的生意，因为药店店主的年收入大约超过 20 万美元。

* 学费因学校和居住地而有所差异。如果你在离家不远的学校上学，你可能只需支付本地学生的学费——每年 4000 美元；如果你在另一个国家或另一个州上学，你可能需要支付每年 2.5 万美元的学费（编者注：指本书作者所在国家的大学学费差异）。

每个喷雾器的成本：

工资	1.00美元
租金	1.00美元
保险费	0.05美元
电费	0.50美元
取暖费	0.50美元
货架和陈列费	0.20美元
广告费	0.10美元
合计	**3.35美元**

当然，不是所有药品都是处方药。但无论你是想治疗头痛或是其他疾病，你所需的药品的研发、定价和销售的过程都是相似的。

0.04美元	+	2.59美元	+	37.37美元	+	20.00美元	=	60.00美元
化学制剂		生产		实验		加价		成本

人们对药品公司有这样一种质疑：为了把药卖出去，他们会夸大甚至"创造"出健康问题。你要对自己负责，所以在吃药前，你需要确保自己已经了解为什么要吃某种药。那么你要如何确定自己处于需要吃药的情况呢？

为你的喷雾器做个总结

喷雾器及其所装入的药物的研发有很多年的历史。这个过程中有数量惊人的专业技术人员参与。

下面简单地回顾一下从矿石到你背包里的药品这一过程。

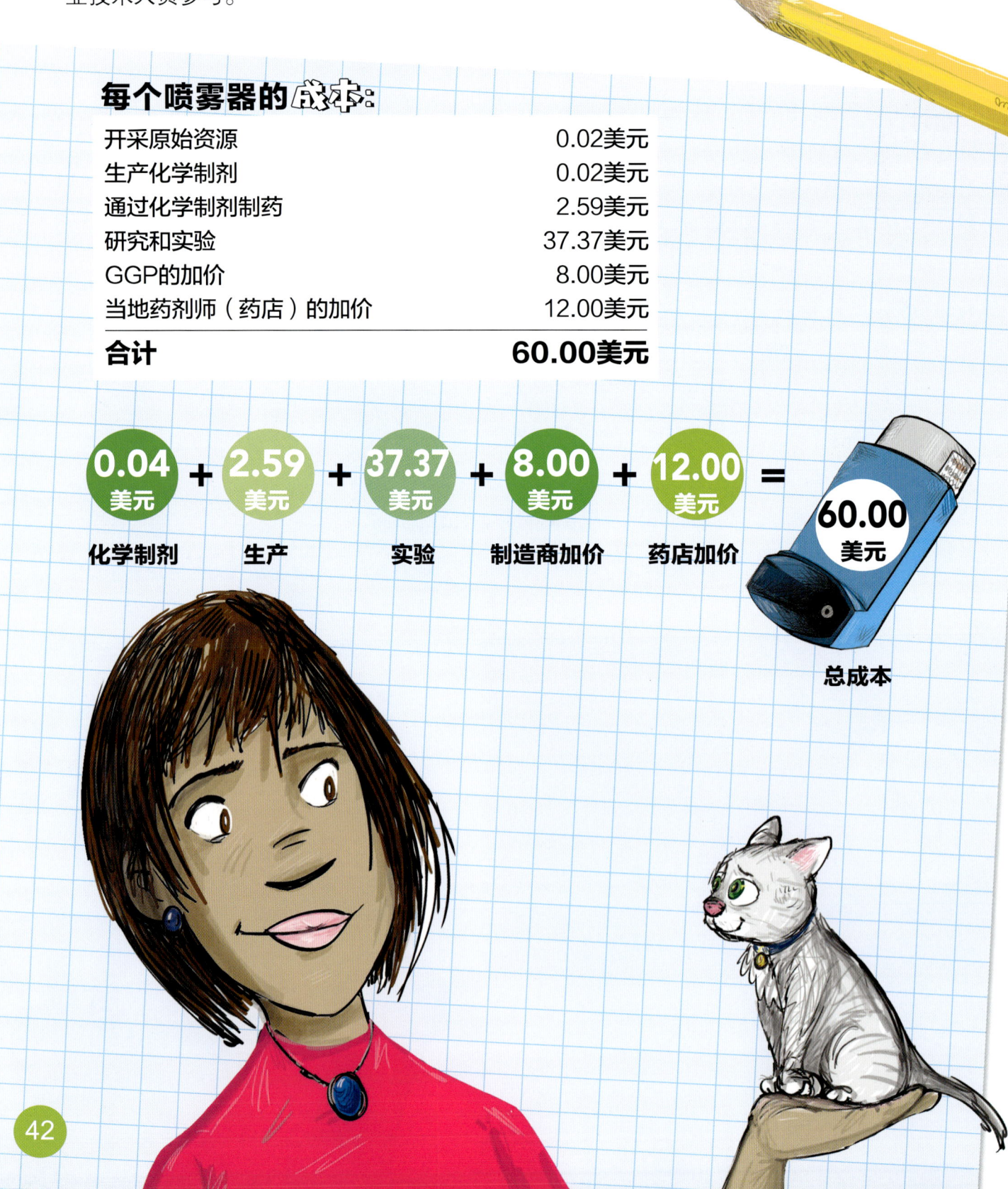

每个喷雾器的成本：

项目	成本
开采原始资源	0.02美元
生产化学制剂	0.02美元
通过化学制剂制药	2.59美元
研究和实验	37.37美元
GGP的加价	8.00美元
当地药剂师（药店）的加价	12.00美元
合计	**60.00美元**

0.04美元 化学制剂 + 2.59美元 生产 + 37.37美元 实验 + 8.00美元 制造商加价 + 12.00美元 药店加价 = 60.00美元 总成本

看一看为了组装一个喷雾器我们经过了多远的距离？
总计 34319.58 千米。

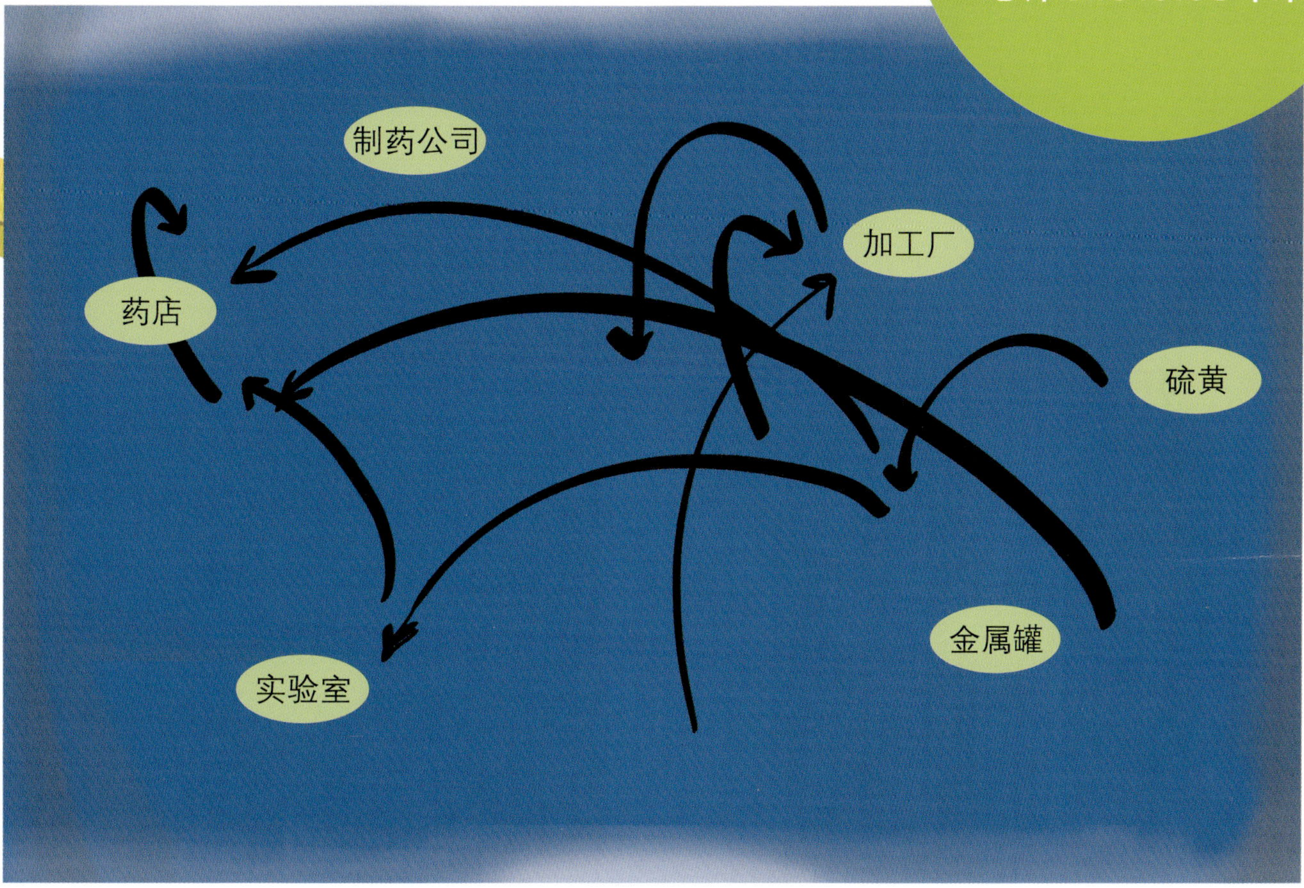

制药公司

加工厂

硫黄

药店

金属罐

实验室

看，这本书充满了令人惊奇的事实和信息！下面我们来看看它是怎么诞生的。

这本书

凯文·西尔维斯特和迈克尔·赫林卡的名字会出现在书的封面上，但他们只是这本书的出版过程中的一小部分。

下面是《你买的东西从哪儿来？》这本书的出版过程。

几年前，他们写了一本名为《你花的钱去哪儿了？》的书（编者注：该书中文版与本书同步出版）。这本书关注的是谁获得了报酬、报酬是多少、何时购买原料等。这本书完成之后，出版商提出了一个问题：我们已经探讨了"哪些人获得了报酬"，但是并没有深入写"商品是如何生产、由谁生产的"。那么写一本有关这一内容的书怎么样？ ＊

＊这个想法是因经济学家伦纳德·里德的一篇著名随笔《铅笔的故事》而产生的。里德想象了一支铅笔自述它的一生，并谈到了从采矿到林地，再到其他地方所有参与工作的人，让生产的过程读起来简单易懂。

两位作者一边喝咖啡（咖啡是由当地咖啡厅的服务员准备的），一边记录一些想法（写在一本印度制造的笔记本上）。凯文是作家和插画师，创作过 20 多本书；迈克尔是经济学家、教师和广播员。他们结合各自不同的背景和技能，敲定了一版提纲。

他们提出了一份物品清单，以带领读者走遍世界各地，了解人们制造不同物品的不同方式。出版商看后说："好，咱们来出版这本书。"

这是在 2017 年初。

《你买的东西从哪儿来？》一书是由一家小型独立出版社——安尼克出版社出版的（编者注：指原版书的出版社）。大型出版社也许有更大的编辑、设计和营销团队，但每一本书都是团队合作完成的。更不用说助理编辑、法律团队和电子媒体工作者等，这些工作者遍布全球。

凯文

迈克尔

在横线位置签字

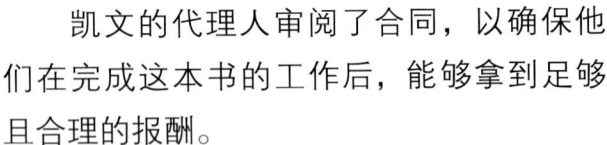

在开始调研、写作和制作插图之前，作者和出版商签订合同。

凯文的代理人审阅了合同，以确保他们在完成这本书的工作后，能够拿到足够且合理的报酬。

作者不会得到按工时计算的工资（很少有例外）。他们需要在指定时间交稿，写作的过程可能会耗费数百小时，也可能只需几个小时。这取决于项目的难度，但在开始写作前，你无法预测到结果。

安尼克出版社知道作者需要花费大量时间准备这本书，所以他们同意提前支付一些报酬，总计 10000 美元。*

* 凯文在签订合同时获得 3500 美元，稿件通过后再获得 3500 美元。迈克尔在签订合同时获得 1500 美元，稿件通过后再获得 1500 美元。当图书出版后，作者会从每笔销售中获得一定比例的报酬，也就是版税（在后文中我们会详细说明）。上述就是所谓的"版税预付金"，只有当版税超过预付金时，出版社才会再次向作者支付报酬。知名人士通常会得到一大笔预付金——比如数百万美元——因为出版商认为他们的书可以卖出数百万册。

凯文会将预付金的 10% 支付给帮他协商合同的代理机构。该机构的律师、代理人和其他员工会持续跟进这份合同，这笔费用也包含了他们的工资，以及复印、快递、电话等费用。

所以，即便这本书还没有开始写，已经产生了很多费用。

要开始工作了！

开始工作！

这一阶段，只有三个人直接参与到这本书的制作过程中，但图书出版的网络已开始铺开。

安尼克出版社的一位主编负责与凯文和迈克尔讨论如何开展这些工作。

凯文首先从大量不同的渠道了解T恤衫是如何生产的。

迈克尔负责查看商品索引、股票市场和公司网站等，以确定一家公司为一捆棉花支付多少钱。然后，他会沿着生产链来了解每件T恤衫需要多少棉花。这些工作主要需要数学和信息搜索的能力。

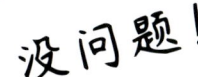

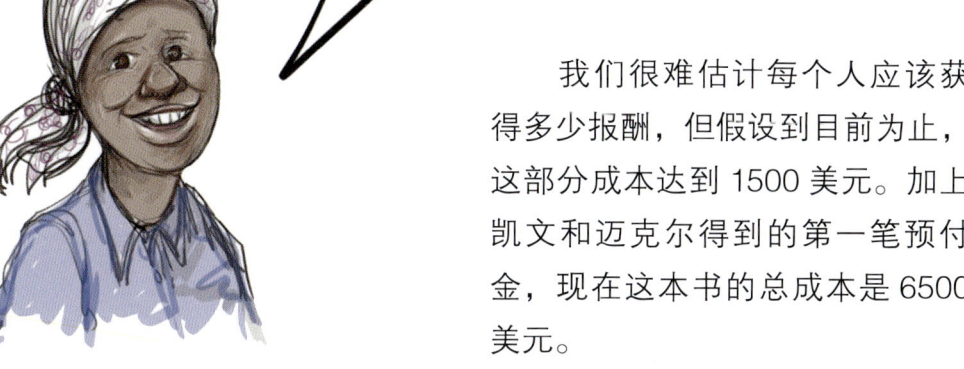

我们很难估计每个人应该获得多少报酬，但假设到目前为止，这部分成本达到 1500 美元。加上凯文和迈克尔得到的第一笔预付金，现在这本书的总成本是 6500 美元。

这些成本在图书出版后会分摊到每册书上，所以我们暂时不去探究到底有多少钱会包含在你为这本书所付的价格中。

迈克尔和凯文需要这样持续工作数周，反复核对，以确保数据匹配、文字合理。他们在咖啡馆碰了几次面（感谢肯尼亚的咖啡种植者），几个月后，他们就确定了一个大纲和关于 T 恤衫的样章。

出版商和主编审阅了这些内容。他们说："基本通过，但还需要再做些工作。"

于是，凯文和迈克尔继续进行创作。

这一阶段最重要的事情是凯文和迈克尔以及安尼克出版社的编辑已经为这本书投入了大量时间。

负责公平贸易的机构会查看咖啡工人的薪水、工作环境以及咖啡的质量。他们可以证明咖啡是"公平贸易"，这意味着（抛开特殊的情况）工人获得了公平的工资。但是这种咖啡会贵一些。喝咖啡的人应该为一杯公平贸易的咖啡额外支付 1～2 美元吗？

重写、重写、重写

写书有点儿像完成学校布置的家庭作业。第一版稿件永远不会是完美的，就像作业可能会有一些错。所以作者需要编辑。

凯文、迈克尔和安尼克出版社的团队反复地写作、重写，调查、再调查，持续数月。

当文本基本完成，原稿会被送到文字编辑或事实审核员手中。这个人会查看拼写查错、数学错物和其他需要修改的问题。凯文和迈克尔会把这些修改合并到原稿中。

差错

错误

问题

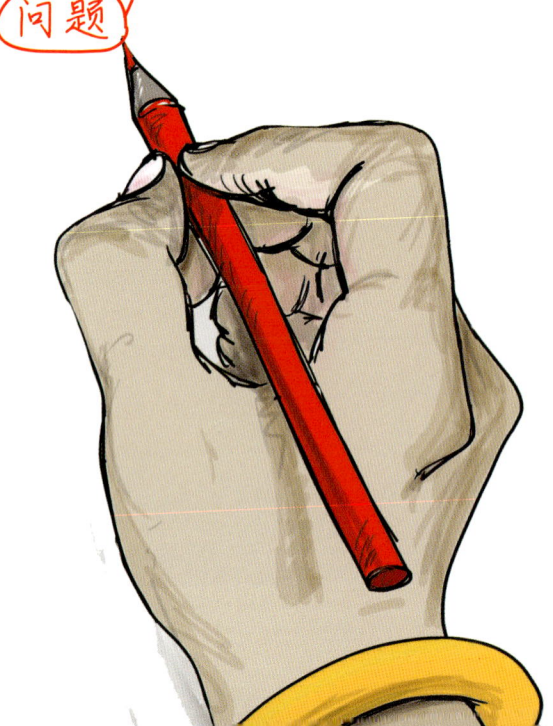

接下来，是时候绘图、做设计了。安尼克出版社的设计总监和凯文将最终的图片（信息图、图表等）与文字配合在一起进行设计。设计总监还要设计布局（版式），选择各种各样的字体、字号。当他们完成这些工作后，这本书会在印刷前进行审读、编辑加工和校对等流程。

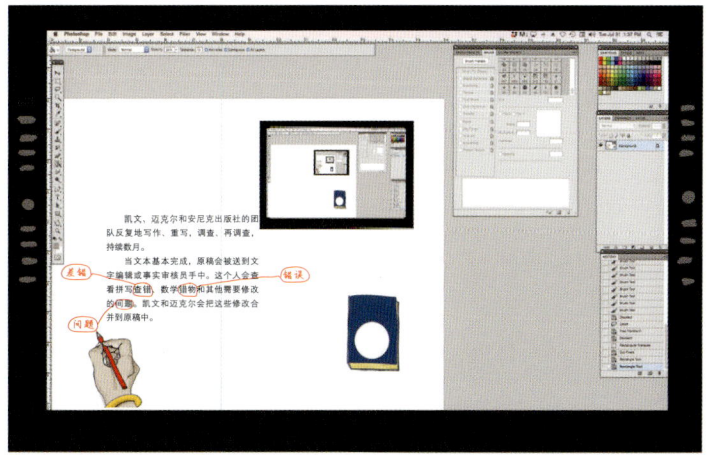

我们甚至还没有做出一册实体书，就已经有数十人做了数十种工作，让这本书基本可以阅读了。

从编辑到设计总监，所有这些人的工资加起来是 6650 美元，或每册书大约 0.83 美元，因为安尼克出版社计划首次印刷 8000 册（每册书的成本即为 6650 美元除以 8000）。

现在凯文和迈克尔获得了第二笔预付金，于是成本增加至 16650 美元（或每册书约 2.08 美元）。我们依然还没有一册实体书！

凯文和安尼克出版社的设计总监会用设计软件来制图、调整颜色，并安排文字位置。就在前些年，这些图片和文字还需要被分开打印，粘贴在纸上，再拍照及印刷。

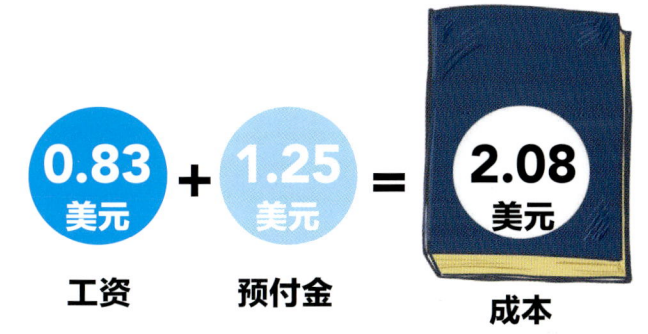

0.83 美元 **+** **1.25** 美元 **=** **2.08** 美元

工资　　　预付金　　　　成本

是时候把这些印在纸上了。

很多编辑是自由职业者，这意味着他们不是出版社的员工，只是被聘用参与特定的项目。编辑几乎可以生活在世界上任何地方，但是自由职业者通常没有和全职员工一样的福利待遇（如医疗保险、退休金和带薪假期）。聘用自由职业者可以为出版商省一些钱（使得书更便宜一些）。有些自由职业者是自己选择了这样的工作方式，而另一些人是别无选择——因为没有足够多全职的编辑岗位（编者注：这种情况因地区而异）。如果让你选择的话，你更倾向于哪种工作形式？

印到纸上

安尼克出版社把终稿送到位于中国的印刷厂。

这本书用的纸张来自芬兰。那里的树木被砍伐后，会被运送到纸浆厂。

工人们将原木切割成碎片，再送进磨机用化学制剂进行处理，使其变成液体的纸浆。纸浆会被货车运送到另一家工厂，在那里被加工成纸张。

纸浆厂以每吨 30 美元的价格购买碎木片，然后以每吨 900 美元的价格销售纸浆。

纸浆通过过筛网、按压、干燥，直至可以缠绕成一个长长的纸卷。对某些用途的纸张来说——比如新闻纸——这就是成品了。

但这本书所用的纸张是光滑的，并且需要能够承受你反复翻页可能带来的磨损，所以还需要进行一项被称为"精加工"的工序：在纸张中加入一些化学制剂，使其更加强韧，并帮助纸张更好地吸附油墨。

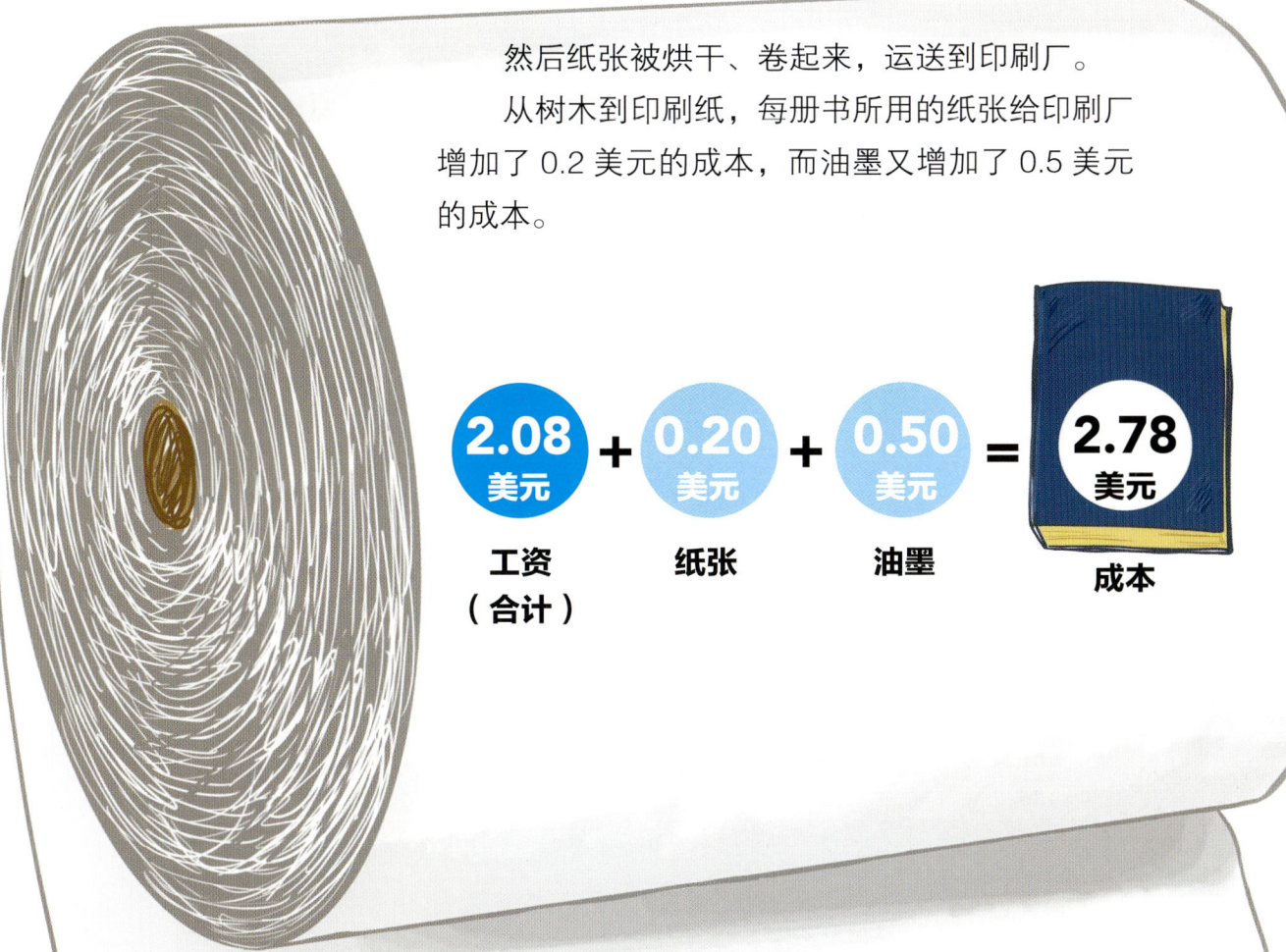

然后纸张被烘干、卷起来，运送到印刷厂。

从树木到印刷纸，每册书所用的纸张给印刷厂增加了 0.2 美元的成本，而油墨又增加了 0.5 美元的成本。

2.08 美元 + **0.20 美元** + **0.50 美元** = **2.78 美元**

工资（合计）   纸张   油墨   成本

图书印刷所用的油墨是由不同的树脂和化学制剂制成的。油墨需要和纸张非常紧密地结合——你不会希望一碰到纸张，上面的内容就变模糊了，对吧？新西兰的一家工厂会将环己酮（一种随着墨水干燥而蒸发的溶剂）等物质的混合物添加到清漆、蜡、焦炭以及其他染料和颜料中。从化学家到机械师，有数十人参与此项工作，以确保化学制剂的用量有效且安全。

任何化学加工过程都有副产品，有一些会被释放到空气中。比如亚硫酸盐、氨气和一些其他气体会在纸浆生产过程中被释放出来，这些味道不太好闻，但正规的工厂都会监测最终产品的安全性。

纸张准备好了，油墨也已就绪。可以印刷了！

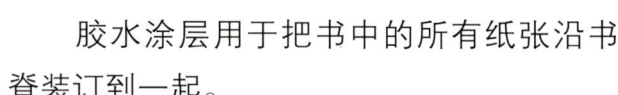

文字和图会被刻在金属板上。这项工作是由高精度的激光完成的，它能使最精细的细节也十分清晰。

之后，这些金属板会被涂上油墨，纸张会被送进大型印刷机。这种印刷机每分钟能印 1000 页。

一名生产监督人员会关注不同的生产阶段，做好质量控制。他也会进行印刷测试，以确保印刷内容的准确性。在测试过程中，他可能会对油墨或金属板进行调整。

然后，纸张进入快速干燥阶段，接着被裁切成书的大小。*

* 在印刷时，印刷厂使用的是全开或半开的纸张，印刷完成后纸张会被裁切成你手中图书的尺寸，裁切下来的多余纸张会被回收。

胶水涂层用于把书中的所有纸张沿书脊装订到一起。

之后装上封面。

负责质量控制的工人会监视每个阶段，确保书页没有被印反（这种情况有时会发生），且纸张也没有被错误地剪裁或折叠。

这本书既有精装版也有平装版（编者注：指原版图书，简体中文版仅有平装版）。两种版本的内页纸张是一样的，但精装版的封面会用尺寸更大的光滑纸张印刷并粘上薄纸板，且在黏合内页之前，纸板和内页之间还需加上环衬页。这是精装版图书比平装版图书成本高的原因之一。

印刷厂向安尼克出版社收取 10000 美元，相当于每册书 1.25 美元的费用。这笔费用包含了纸张、油墨和人工成本，以及每册书 0.45 美元的加价，以确保印刷厂能负担其他成本并获得利润。

安尼克出版社现在已经支付了 26650 美元（也就是每册书大约 3.33 美元），其中包含了工资、预付金和印制成本。

但现在还有出版商增加的其他成本。

8000册书的成本：

制作和印制成本	26650.00美元
市场营销费	6274.00美元
运输费	8366.40美元
其他成本（仓储费、租金、保险费等）	5400.00美元
合计	**46690.40美元**

（即每册书大约5.84美元）

3.33美元 制作和印制成本 **+** **0.78美元** 市场营销费 **+** **1.05美元** 运输费 **+** **0.68美元** 其他 **=** **5.84美元** 成本

现在，你可以去逛书店了。

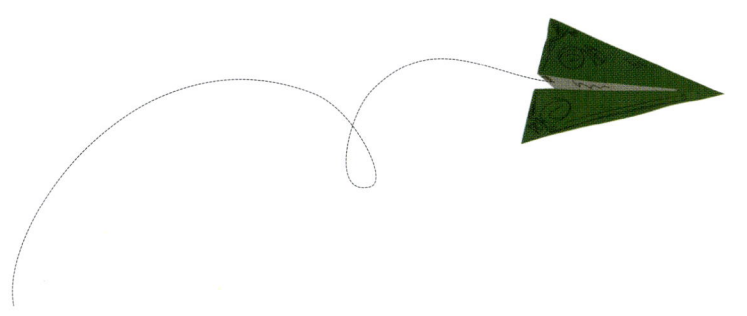

扩大到全球

稍等，现在还没到逛书店的时候。

当然，你在这里也需要进行一个思考。比如，在中国生产商品可以增加当地的工作机会，但这也意味着北美洲和欧洲会减少一些工作机会。你喜欢的一些商品是在哪里制造的？你知道100年前它们是在哪里制造的吗？

100年前

棉布衣服
（美国）
尼龙还没有
被发明出来！
1000千米

苹果
（后院）
0千米

衣服
（手工制作）
0千米

肥皂
（当地生产，
由动物油制成）
1千米

皮革
（加拿大）
300千米

鞋
（美国，根据商品目录册定制）
1800千米

合计：3101千米

我们首先要看看全球经济中的另一个重要部分。一些商品通常需要经过长途运输才能到达销售市场。比如，中国的茶叶吸引了英国的商人，印度的香料吸引了克里斯托弗·哥伦布探索出新大陆，咖啡在气候温暖的国家种植却能被全世界的人享用……巧克力、汽油，还有许多其他商品——以及对它们的寻找——形成了现代的全球化。

但是全球市场的规模在过去的 100 年间发生了巨大的飞跃。

这两页展现了一些类似的商品在你的曾祖辈那个年代的来源与现在的来源的对比。

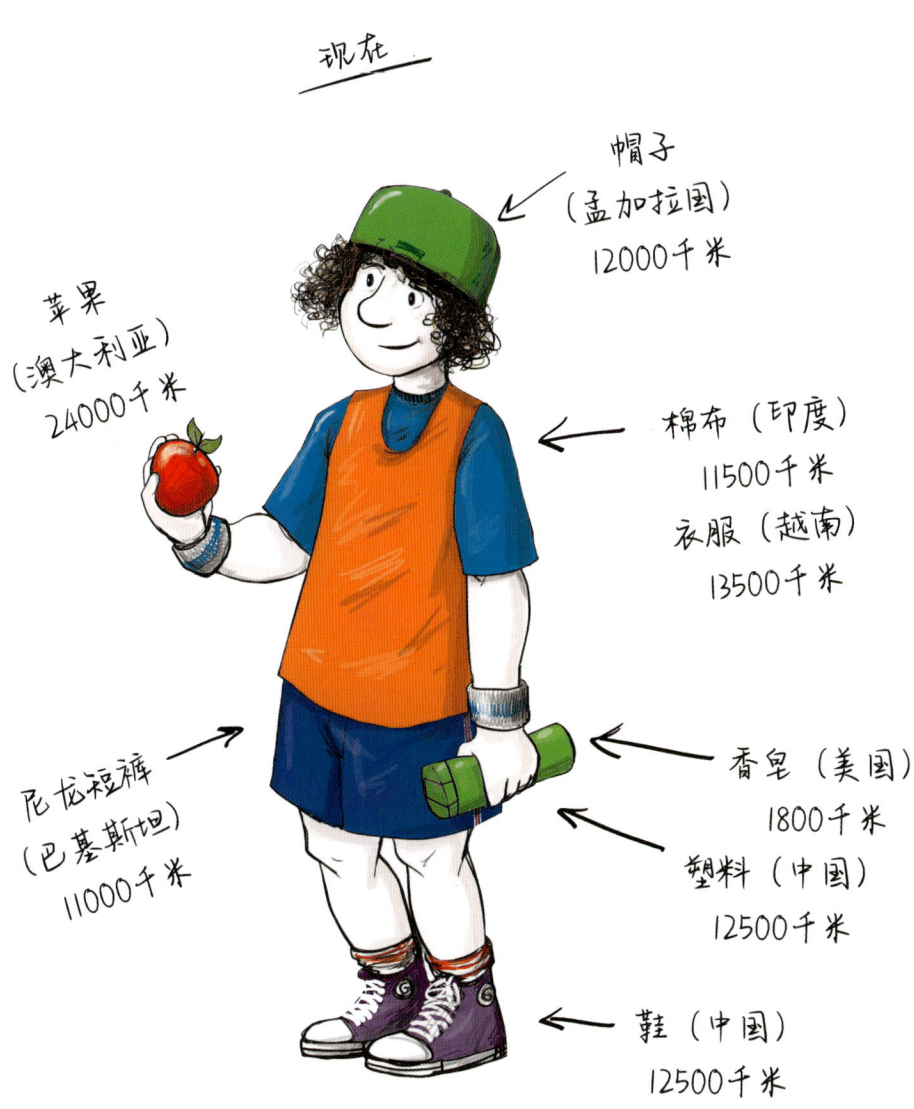

现在

帽子
（孟加拉国）
12000千米

苹果
（澳大利亚）
24000千米

棉布（印度）
11500千米

衣服（越南）
13500千米

尼龙短裤
（巴基斯坦）
11000千米

香皂（美国）
1800千米

塑料（中国）
12500千米

鞋（中国）
12500千米

合计：98800千米

**好的，关于时间的旅程已经够了。
我们到当地书店去看看。**

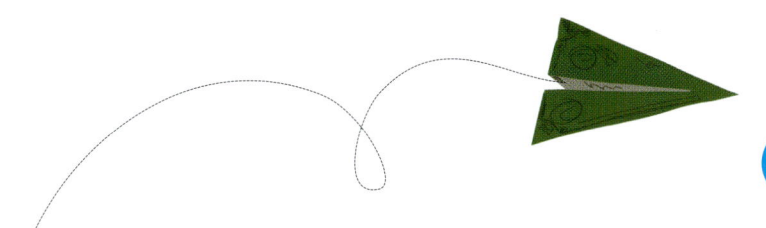

书店

目前，每册书的成本大约是 5.84 美元。但为什么你最后要花 22.95 美元来购买它呢？

安尼克出版社以每册 5.58 美元的价格把书卖给书店，这个价格略低于目前每册书的成本。他们希望这本书能畅销，这意味着第二次印刷（或更多次！），此时就没有编辑成本了（加印的成本大约是每册 3 美元）。

一种书想要在众多图书中脱颖而出是比较困难的。仅在北美洲，一年就会有 30 多万种图书出版！想象一下有多少人会参与到这些书的制作过程中？

书店的成本也和其他商店一样——有工资、保险费、租金、税款等。这些费用给每册书增加了 6 美元成本。

书店每卖出一册这本书，就会获得约 11 美元的利润。但是只卖这本书不足以负担书店的成本。

假设运营一家书店每天需要 2000 美元的成本，这就意味着这家书店每天至少需要卖出 182 册这本书才能保证盈亏平衡。这可是一个很大的数字啊！

每卖出一册书，凯文和迈克尔都会得到图书定价——也就是你在书的封底上看到的价格——的 10% 作为版税。还记得他们得到了"预付金"吗？意思是如果凯文和迈克尔想因图书销量的增加而得到额外报酬，书店需要销售约 5000 册这本书。在加拿大，一本书是否畅销的判断标准大约为 5000 册，而在美国或其他大的消费市场，大约需要卖出 45000 册才会被称为畅销书。

每册书的成本:

工资	2.00美元
租金	1.00美元
保险费和其他费用	1.00美元
水电费	0.50美元
运输费	0.25美元
市场营销费	0.25美元
税款	1.00美元
合计	**6.00美元**

2.00美元 工资 + **1.00美元** 租金 + **1.00美元** 保险费和其他费用 + **0.50美元** 水电费 +

0.25美元 运输费 + **0.25美元** 市场营销费 + **1.00美元** 税款 = **6.00美元** 成本

因此，没有人因为卖出 1 册书而获得巨额利润，但很多人都依靠这点点滴滴的累积。

万分感谢你选择这本书！

为图书做个总结

所以，即便是像书这样看起来简单的东西，也比你想象中的复杂，且高度全球化。作者和插画师是至关重要的，但是从一个好的创意到一本你拿在手里的实体书（或者屏幕上阅读的电子书），这个过程需要数百位具有专业技能的人员共同完成。

最后一个小问题。也许你会购买一本电子书，你支付的费用大概是 15 美元。但是出版商还是要负担所有常规成本来制作这本书，只是不需要印刷和运输的成本。作者可能会得到销售净利的 25% 作为报酬。安尼克出版社的净利指的是它的收入减去所有成本。

每册书的成本：

工资（合计）	2.08美元
纸张	0.20美元
油墨	0.50美元
印刷费（人工和加价）	0.55美元
运输费	1.05美元
市场营销费	0.78美元
其他费用	0.68美元
安尼克出版社首印的损失	−0.26美元
书店	17.37美元
合计	**22.95美元**

0.70美元（原料）＋ 5.14美元（生产和运营等成本）＋ -0.26美元（安尼克出版社首印的损失）＋ 6.00美元（书店的成本）＋ 11.37美元（书店的加价）＝ 22.95美元（合计）

这本书的各个部分来自世界各地。合计 33649.92 千米。

纸张

出版社

印刷厂

笔记本

书店

咖啡

油墨

现在越来越多的图书在网上销售。大型的网络商城通常会比独立书店或连锁书店标更低的零售价格，所以一般消费者在网上买书会更省钱。但网络商城可以做到这一点的一个重要原因是，它们支付给出版商的钱更少。这是为什么呢？网络商城的规模大，并且出版商期望在网络商城销售，所以议价的权利归属于网络商城平台。这就意味着出版商需要销售更多书才能获利。这种现象会产生连锁反应：出版商可能会减少出版的图书品种数量，因为他们希望能保证每种图书都大卖。如果你也想成为一名作者，那么你出版图书的难度就会增加。并且出版商还会压缩成本，比如减少付给作者的报酬，降低所用纸张的质量等，以确保能赚钱。

你会选择在哪里买书呢？

高科技

你的手机可以与全世界不同地区的人通话，并且你的手机也是由全世界不同地区的人共同制造的。

我们已经沉浸在高科技中。计算机、平板电脑，更重要的是手机已经非常普及了。每年有超过十亿部手机被售出。

手机包含晶体管、芯片、电线、高强度玻璃，等等——还有数千名专业人士的工作，包括生产手机的人和确保你的手机可以运行的人。

和前面其他产品一样，这次的旅程从"地球内部"开始。

每部手机都含有稀有的金属和矿产，如铝、金、钴、铂、铌和钽等。其中，最后两种来自铌（钽）铁矿，在刚果民主共和国等地，它通常需要人工挖掘。

工人们把挖出的矿石放到桶里，用水冲刷，将铌（钽）铁矿从泥土、石头和其他矿物中分离出来。

做这项工作的工人会获得每小时 0.25 美元的报酬，也就是工作一天（10 小时）获得 2.5 美元的报酬。

铌（钽）铁矿会被粉碎成小块并被运送到美国的生产车间进行提炼。

工人们使用大量的能源和危险的化学制剂从铌（钽）铁矿中分离出铌和钽。

铌和钽具有耐腐蚀性，这意味着它们能保存很长时间。它们还可以携带大量电荷而不过热，这对你手机里的现代导体和芯片的速度和构成来说至关重要。

一部手机里大概含有价值 1 美元的铌和钽。

1.00
美元

成本

用模板刻出芯片

让手机运行的关键是什么？
计算机芯片、电容器和处理器。

多数计算机芯片的基座是由硅*制成的"晶粒"。硅可以从沙子中提取，沙子是一种地球上很常见的原料。硅可以被融化再制成相当薄的芯片。

晶体管经由一种叫作"光刻"的工艺蚀刻到硅上。将金属（包括铌和钽）和感光的化学制剂一起覆盖到硅上，线路的布局样式就会被拍摄到芯片上。每块芯片中都有数十亿个链接，每一秒都有数十亿字节的信息从中传输，就像神经元在你的大脑中传递信息一样。

* 再次感谢那些矿工——这部手机中的硅开采于巴西。

美国亚利桑那州的技术人员设计新的芯片样式，然后送到中国、爱尔兰、越南、荷兰等地进行制造……这么说你应该明白了。

这部手机里的芯片是在以色列制造的。

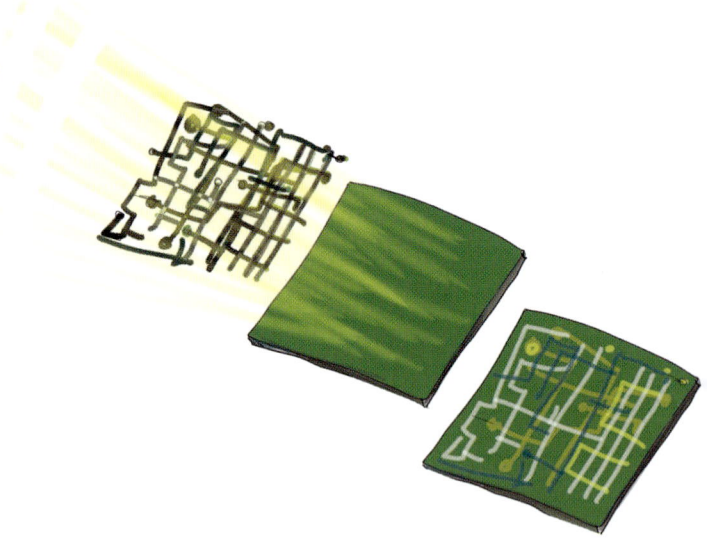

第一代计算机需要占据很大的空间，但存储信息的容量还不及现代的一部手机。

杰克·圣克莱尔·基尔比于1958年发明了集成电路。为了展示它的性能（更快、更小），基尔比用它造出了小型计算器。老式的计算器像桌子一样大！

目前，我们只是获得了芯片，每块芯片的成本超过了 15 美元，有的芯片成本更高。这部手机里所有芯片的总成本大约是 80 美元。

每块芯片的成本：

硅	0.10美元
金属	2.00美元
生产	8.00美元以上
研发	5.00美元以上
损耗（不能用的芯片）	0.05美元
合计	**15.15美元以上**

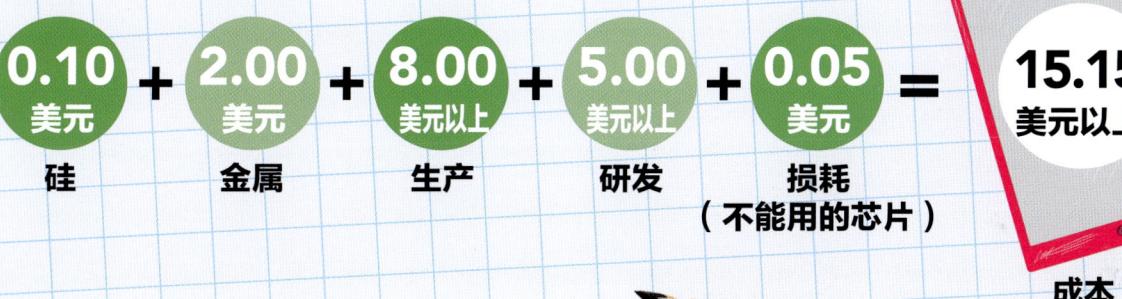

0.10 美元
硅
+
2.00 美元
金属
+
8.00 美元以上
生产
+
5.00 美元以上
研发
+
0.05 美元
损耗
（不能用的芯片）
=
15.15 美元以上
成本

现在该送到组装工厂了！是吗？

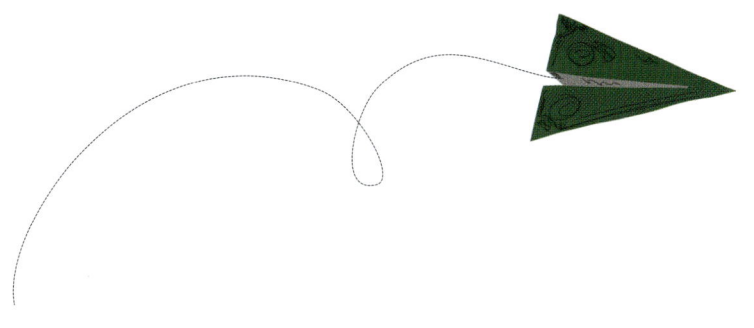

嘶嘶——电流声！

在把手机组装起来之前，我们需要说一说能源！

液压破裂法是从地下获得更多天然气的一种方法，但关于它的使用存在一些争议。工作人员用高压向地层注入水、沙子和化学制剂的混合物，压力会使岩石破裂，释放出地下的天然气。这个方法需要用到大量的水，并且有很多研究认为这个方法与地震有关系。如果你家乡所在位置的地下发现了天然气，你会希望用这个方法开采吗？如果这样做可以给你的家乡带来很多财富呢？

制造原料的时候会消耗大量的能源。

北美的一家企业所用的天然气可能来自当地，而欧洲企业所用的天然气可能来自俄罗斯。

地质工程师和挖掘公司从地层深处开采天然气。天然气被虹吸抽出，并存储在巨大的储气罐中，之后人们可以用火车或货车运送储气罐，或用泵在管道中输送天然气。

很多国家依然以用煤发电为主，这种方式会比其他方式产生更多的空气污染。

核电站通过分裂铀等放射性同位素来发电。从空气污染的角度来说，核电站比燃煤电厂产生的污染更少，但核能也会产生废物，需要被深埋在地下。如果其中哪个环节出了问题，就有可能会爆炸。

当放射性物质不再被水或混凝土包起来时，就会发生熔毁。1986年，苏联的切尔诺贝利核电站发生了爆炸，放射性原料泄露在空气中长达数日。直到现在，这个地区仍是不安全的。2011年，一场地震导致日本福岛核电站也发生了事故。

用不同能源制造一部手机的成本分别是多少呢？

用不同能源制造一部手机的成本：

天然气	0.10美元
核能发电	0.04美元
水力发电	0.02美元
太阳能发电	0.22美元

水力发电的效率高，但是建造大坝的费用高昂，并且大坝对选址要求也很高。

太阳能、波浪能、风能也许是解决能源问题的答案，但是它们也并不是直接可用的能源。储存这些能源所需的电池要花费大量的能源来制造。到目前为止，它们储存的能源量还不足以取代成本更低的电力或天然气。

好，现在是时候把这些组合在一起了。

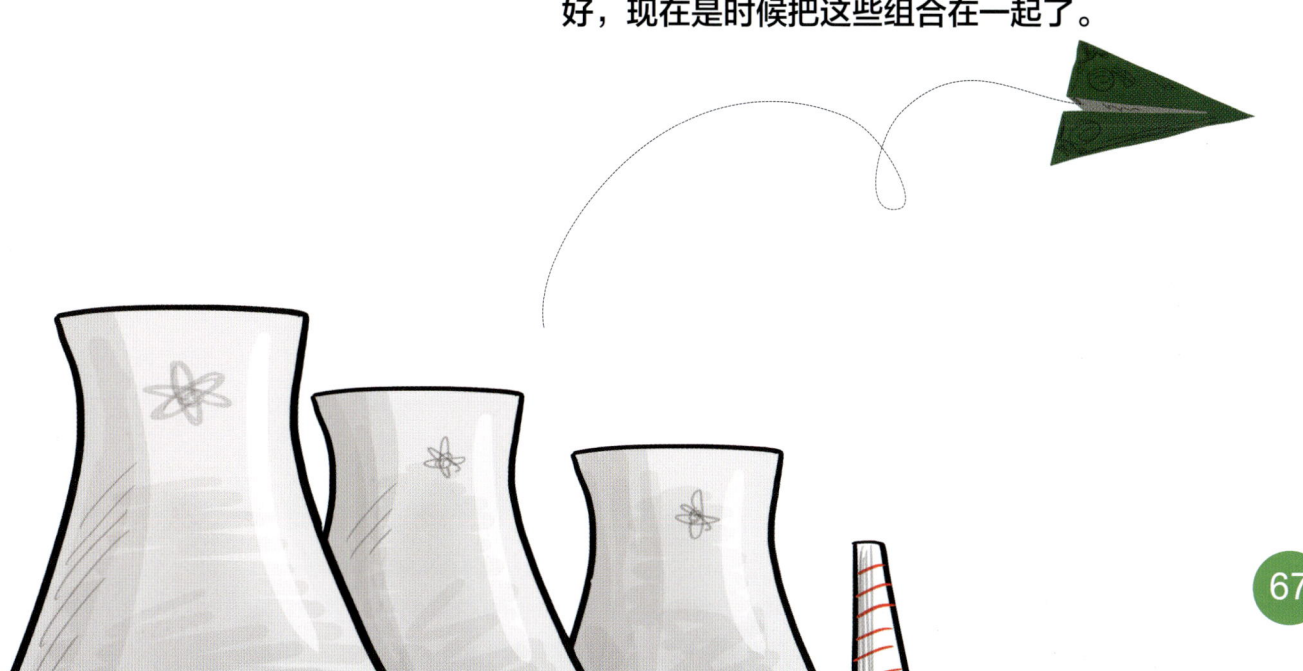

努力工作和硬件

所有的组件已经生产完成并运输到位，是时候把它们组装成手机了。

每一个生产你手机所用零件的工厂都有数百名工人，这还只是生产手机本身。现在 Global 手机公司——和更多的人——需要添加使手机可用的东西。

人们购买手机不仅关注性能，也关注外观。手机公司知道这一点，它们聘请了设计人员去考虑手机的重量、手感和外观时尚度等方方面面。"拿在手中"的体验常常会是你选择买哪部手机的决定性因素。

即便有性能不错也便宜的机型，你也会愿意付更多钱去买一部外观更好看的手机吗？

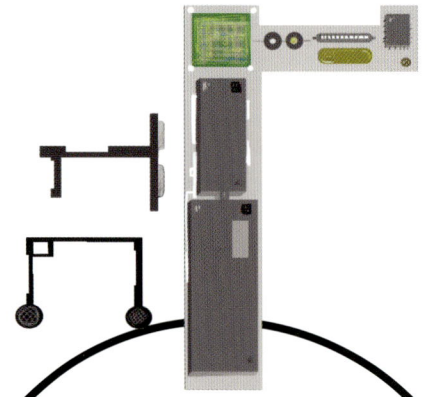

摄像头在美国生产制造，它用到了从南非开采的金属和日本研发的技术。

成本？ 15 美元

塑料的部件——完全来自石油产业的副产品。石油在墨西哥被开采并提炼，而塑料部件在韩国制造。

成本？ 2 美元

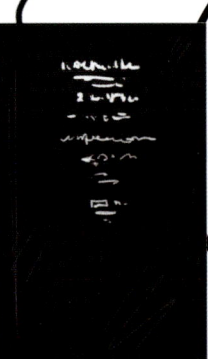

锂电池在中国（台湾地区）生产。其中所用到的锂由一家加拿大公司在阿根廷开采而来。

成本？ 6 美元

手机由以下部件组成：

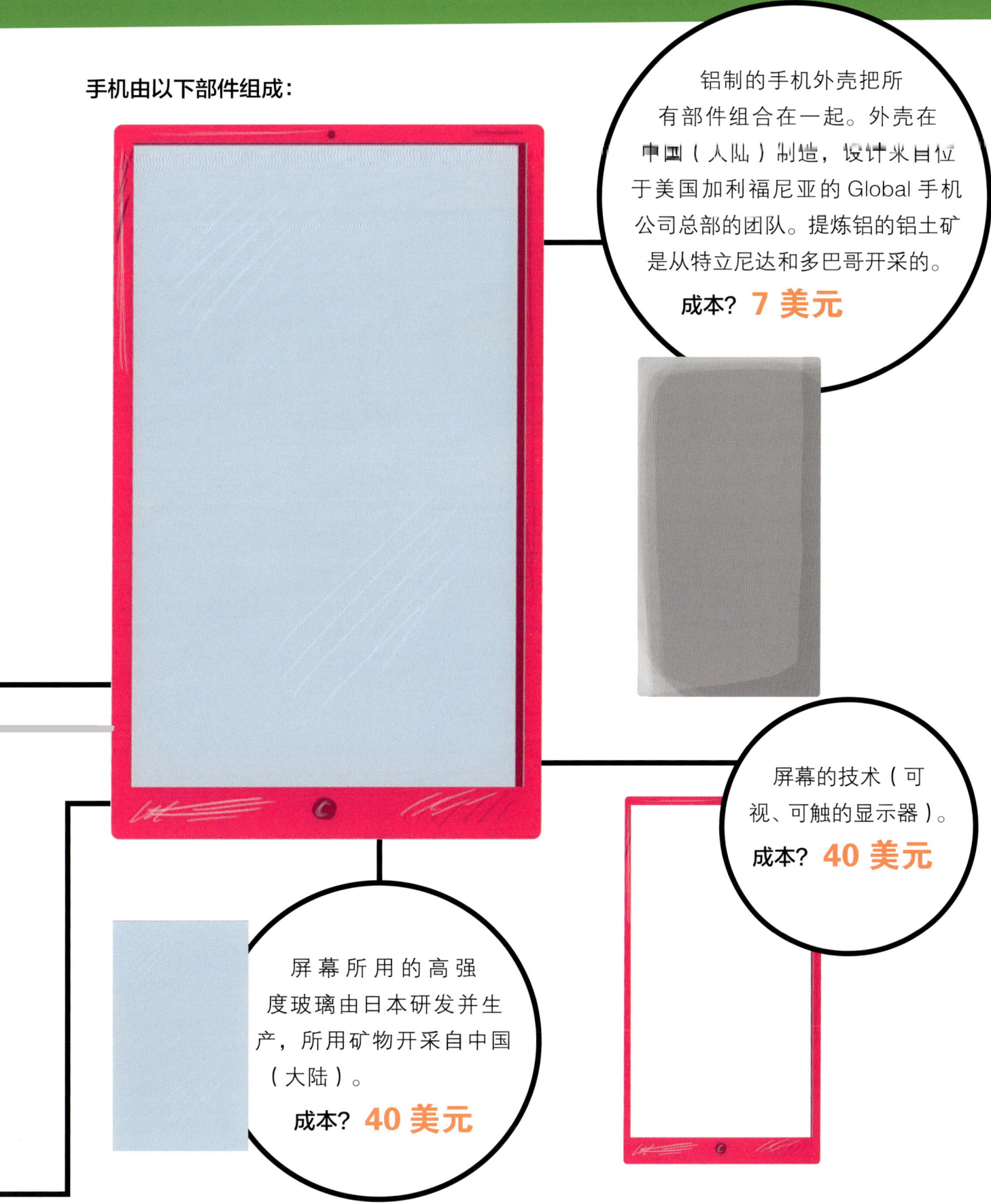

铝制的手机外壳把所有部件组合在一起。外壳在中国（大陆）制造，设计来自位于美国加利福尼亚的 Global 手机公司总部的团队。提炼铝的铝土矿是从特立尼达和多巴哥开采的。

成本？ 7 美元

屏幕的技术（可视、可触的显示器）。

成本？ 40 美元

屏幕所用的高强度玻璃由日本研发并生产，所用矿物开采自中国（大陆）。

成本？ 40 美元

这些硬件成本总共为 110 美元，加上价值 80 美元的芯片，成本达到了 190 美元。

努力工作和软件

让手机正常运行的软件分两种：操作系统和你自己添加的有趣的东西。

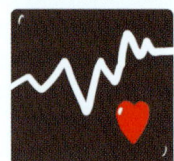 

操作系统由美国加利福尼亚的 Global 手机公司总部设计。它负责控制手机的基本功能（打电话、发短信息、拍照等），并允许用户添加新的程序。

手机中的应用程序（app）有大公司设计的，也有个人设计的。假设你下载一个《全球巨人》游戏（是的，游戏也是应用程序），其下载、安装是免费的，但你可以在应用程序内购买额外的东西。

假设一家手机公司每年花费 10 亿美元进行操作系统的研发与升级——换算到每部手机上约 20 美元。

办公楼、员工的工资（全公司上上下下有数千人）等，这些又给手机的价格增加了 40 美元。

《全球巨人》这款游戏由挪威奥斯陆一家名为"全球"的公司开发。全球公司的设计师负责从图像到代码的一切设计，确保游戏可以和你的手机操作系统兼容。全球公司还需要维护一个服务器，以储存所有的玩家信息、游戏数据等。

全球公司花费 15 万美元设计游戏的应用程序，并且每年需要额外花费 10 万美元维护服务器。当然，公司还需要给律师、数据分析师和其他专业人员支付报酬，因为是他们确保了应用程序获得专利、受到保护并可以使用。

但如果有数百万人喜欢这款应用程序，并预先付费或购买应用程序中的内容，那么游戏公司就能很快收回投资并获利。

我们不会将应用程序的成本添加到手机的成本里，但这会是你最终需要面对的一个费用。

目前一部手机的成本已经达到了 250 美元。是时候去商店看看了。

公司免费提供一款产品后，可能会收取到更多费用。你是否会花 4.99 美元购买《全球巨人》？很多人会说"不"。可是一旦你被这款游戏所吸引，你可能最终会花更多钱去购买游戏里的体力、时间或积分等。

还有别的花招儿吗？比如，你也许免费获得了一款游戏，但你必须忍受弹出的广告，那么你会花 4.99 美元让广告消失吗？

手机，甜蜜的手机

> 你的手机的制造成本大约是 250 美元。你花费 500 美元购买。都有谁获得了这些钱？

你可能会去 Global 手机公司旗下的商店，它们以 500 美元的价格销售手机。你可以在这里买，之后再选择电信运营商。

你也可以在电信运营商的商店里购买手机。假设我们选择的电信运营商是"拉博尔格无线"，你和它们签订服务协议后，它们也许会免费"送"你一部手机（和前面说的免费游戏应用程序的情况类似），但是实际上，手机的成本会被计算到你每月付给拉博尔格无线的服务费用中。所以，你付的钱和你在 Global 手机公司旗下的门店付的一样多，只不过这笔钱分散在了运营商的合约期内。

运营商店是需要成本的，无论这个商店是归 Global 手机公司所有还是归拉博尔格无线所有。一家商店所负担的工资、租金、保险费、电费等成本加起来会给你的手机增加 10 美元。

每部手机的成本：

制造成本	250.00美元
商店	10.00美元
加价	240.00美元
合计	**500.00美元**

Global 手机公司因销售手机而获得了很多利润，这些利润会被用到不同的地方。

有一些用于分配给投资手机公司的股东。

有一些用于企业的扩张——建造更多工厂，招聘更多职员。

有一些用于负担研发成本——设计下一代手机、操作系统和硬件。

还有一些要负担公司里不太成功的产品的损失，比如去年销售情况不太好的平板电脑。

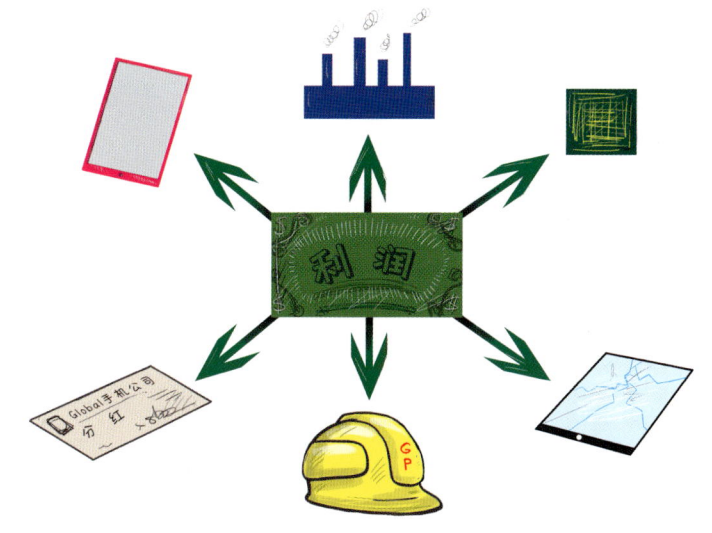

但是你的成本计算还没有结束，还有成千上万的人在为确保你能打出电话、发出短信以及查询到你要去的地方而工作。

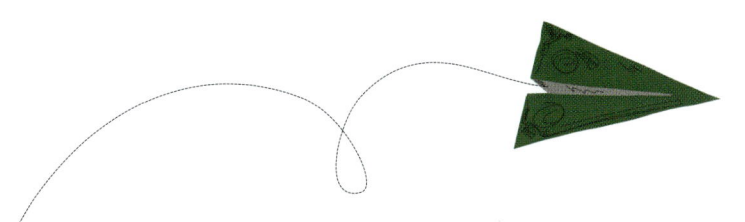

打电话

在你能接入信号之前，手机只是一个漂亮的镇纸。

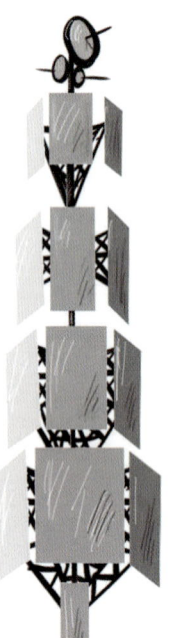

假设你想给身处地球另一端的朋友发一条短信息，要如何实现呢？由谁来实现呢？

手机要依靠信号塔才能打电话、发短信息以及搜索信息。当你在不停移动的时候，你的手机信号会从一座信号塔切换到另一座信号塔，自动寻找距离最近的信号塔。你发送的短信息（这个例子中是指文本短信息）会被编码，并以超高速从一座信号塔传送到另一座信号塔，直到它被传送到你朋友的手机里为止。

这一过程中，卫星可能会在途中为信号的传送提速。

卫星电话将信号发送至太空，然后直接返回地球。不是所有的手机都有卫星天线，但是电信运营商仍然用卫星把短信息从中国的信号塔传送到位于阿根廷的手机上。

因此，有很多专家和工人参与到这个过程中。

科学家研究微波（是指实际的波，不是微波炉！），以及微波如何远途移动。

工程师要解决如何设计硬件才能使网络继电器得以运作这个问题。

政府是卫星产业的第一批参与者，主要是出于军事原因。美国和苏联曾进行过"太空竞赛"。苏联在 1957 年发射了人造地球卫星 1 号（也叫斯普特尼克 1 号，是世界上第一颗人造地球卫星）；而美国在 1958 年 12 月发射了斯科尔号（世界上第一颗通信卫星）。目前，世界上也有不少私人企业在发射卫星。

工人负责组装和维护你在地面上或建筑物顶部看到的信号塔。

火箭科学家和工程师研究将卫星发射出大气层的方法。

卫星环绕地球运行的过程中是以太阳电池板为能量来源的，所以开发太阳电池板的人员也在其中提供帮助。

所有这些成本会被分摊到网络运营商的每一位用户身上。

假设你每月付给拉博尔格无线公司 100 美元。这笔钱是怎样构成的呢？

成本分解：

基础服务接入费	40.00美元
数据（60GB）	60.00美元
合计	**100.00美元**

40.00美元 + **60.00美元** = **100.00美元**

基础服务接入费　　数据（60GB）　　成本

网络运营商为你提供这些服务实际上只需要花费 40 美元，其余的费用用于支付其他成本（工资、基础设施费等）。

用你的计算器app
做个总结

我们来看一看，从石头到火箭再到你的口袋，所有的技术占多少成本。

你手中的手机最初是地上的石头或海滩上的沙子。

而改造它（并让它持续工作）的人来自世界各地。

如果我们把手机的生产链想象成手机信号，那么它几乎遍布全球。

每部手机的 成本：

原料	16.00美元
能源	0.38美元
工资	20.62美元
生产	43.00美元
硬件	110.00美元
软件	60.00美元
商店	10.00美元
加价	240.00美元
合计	**500.00美元**

80.00美元（芯片）+ **110.00美元**（硬件）+ **60.00美元**（软件）+ **10.00美元**（商店）+ **240.00美元**（加价）= **500.00美元**（总成本）

总距离（不包括卫星反射信号的距离）是 45336.15 千米。

能源

运营商

芯片

信号塔

软件

硬件

矿石

?

手机已经成为我们生活中重要的一部分。它使通话、发信息，以及搜索信息都变得更容易。但是手机也有弊端，比如"短信拇指"这样的"现代病"，还有颈部和背部的疼痛也在频繁发生。有些人可能会沉迷于持续联系，而手机成瘾与焦虑加剧、睡眠质量差等问题可能有直接的联系。你花在手机上的时间有多少？

看到这张大图了吗？

世界上有一半以上的人需要视力上的帮助。但是……我们马上会告诉你一个小秘密。

下面就开始。

我们花了很长的时间来确定制作一副眼镜到底需要多少成本。

我们原本很擅长确定成本这件事。我们在本书中和《你花的钱去哪儿了？》一书中都给出了相对准确的成本（如果成本是可估计的），但是这一章着实难住了我们。

我们可以告诉你的是，如果你有一份确定的验光处方，你可能要花大约 400 美元买一副眼镜，其中眼镜架大约 150 美元，镜片大约 250 美元。

我们甚至可以告诉你，据我们所知，在这些眼镜中，原材料的成本只有约 25 美元，其中 16 美元是塑料的成本，9 美元是包括金属在内的其他原材料。

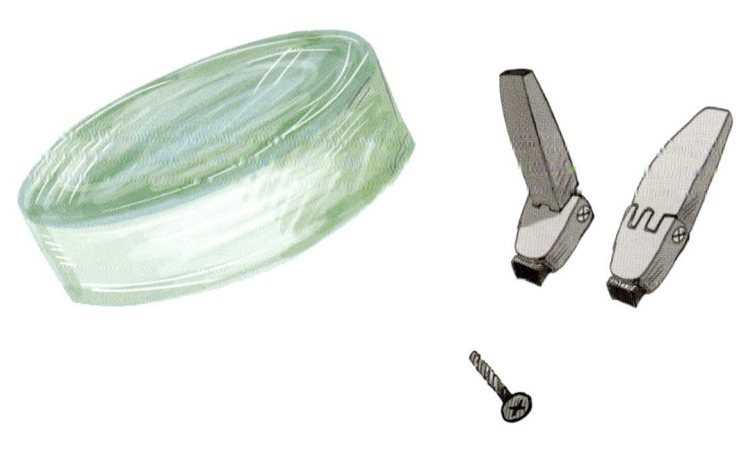

制造或直接购买塑料——即使是非常高级的类型——不会很贵，而金属镜框也只会用到价值几美分的原材料。

这些金属开采自不同的地方，包括巴西、中国、美国和澳大利亚等。

一位实验室技术人员会从一块"镜片毛坯"上切下你的镜片。镜片毛坯通常是一块厚塑料（来自石油产业），或是玻璃制品（开采自中国，并由日本加工），它可能相当大且厚——直径 10.1 厘米，厚 3.8 厘米。

人们在持续进行研究和开发，以制造出更坚硬、更防刮的塑料材质。和本书中提到的所有其他产品一样，有很多人参与其中——从设计师和配镜技师到化学家和矿工，等等。

我们估计所有这些加起来会给眼镜的成本增加 50 美元，但我们不是非常确定。**为什么呢？请继续阅读。**

这张图看起来模糊不清

其中一个原因是，不管你买到的眼镜架上写的品牌名是什么，它几乎都是由陆逊梯卡（Luxottica）这家公司生产并销售的。这家公司同时还拥有并运营着很多家眼镜店，并且越来越多地参与到镜片的制造中。

这就意味着这家公司控制了从原材料到你购买产品的整个"生产链"。

缺乏竞争意味着陆逊梯卡公司可以根据自己的意愿定价，它们的加价幅度可能很大——比如超过50%。所以，它们也许会以镜片30美元、眼镜架100美元的价格卖给商店（即使是它们自己旗下的店铺），商店再以镜片60美元、眼镜架200美元的价格销售给顾客。

但是，我们需要强调一下，这只是估计。陆逊梯卡是一家私人企业，因此它们不是必须公开公司运营或制造商品的真实成本等信息。所以我们无法确认这家公司在其他工序或流程中的成本是多少。

你可以在这家公司的网站上看到它的年报，年报中虽然列示了公司的成本、费用和利润，却并没有列出生产商品的实际成本。这也引出了一些关于全球经济的有趣问题。

人们在数千年前就已经发现了眼镜背后的科学原理。虽然古埃及人就有关于弧面玻璃可以使光线弯曲的记录，但第一副真正的眼镜可能是在公元 1200 年左右发明出来的。意大利的修道士将石英石打磨成凹面，他们拿着它看文字——瞧，字变大了！这些凹面的石英石本质上是掌上放大镜片。100 年后，眼镜开始在画作上出现。

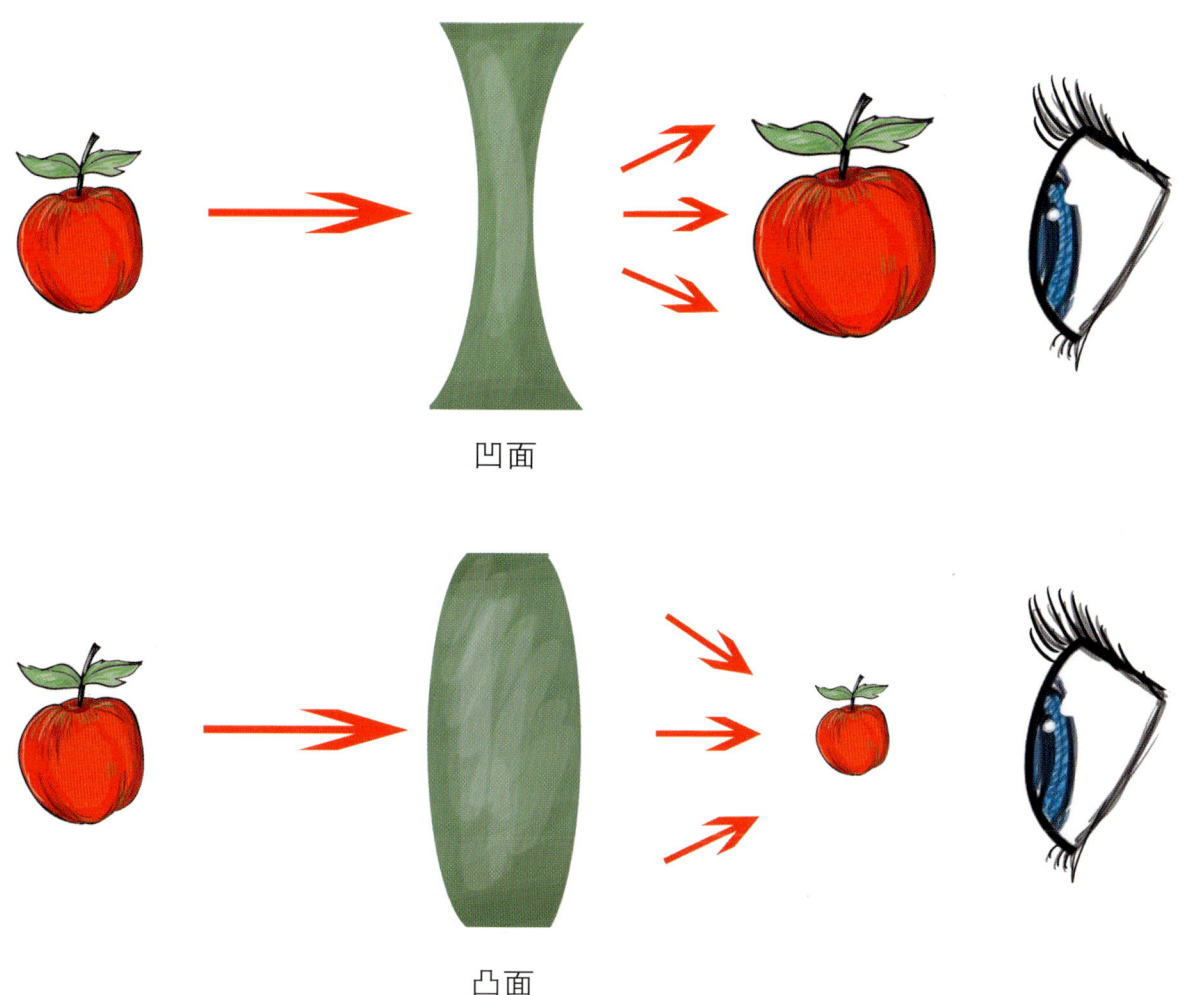

凹面

凸面

问题1：多大才算太大?

全球化让一家公司可以更容易地占领整个市场，比如它现在更容易快速接触到几百万人（或者说是"消费者"）。这就是全球经济不断增长的"规模"。

当你只能在当地市场销售1万件某商品时，每件商品获得1美元的利润，加起来也不算多。但如果你能把某商品销售出1亿件（因为全球经济规模巨大），你就可以赚很多钱。公司可以利用这些利润收购、吞并小规模的公司，使自己越来越壮大、越来越全球化。

大公司可能会破坏市场平衡。如果公司可以随心所欲地定价并且完全控制市场，那么消费者就别无选择，只能付高价。

所以各国政府的传统做法是把超大型公司或以某种商品控制市场的公司拆分。通常这些超大型公司被称为"垄断组织"——这些公司可以凭借自身规模而让市场向有利于它们的方向倾斜。

哪里有钱，哪里就会有贪婪。每个人都希望获得利润，但有些人对欲望的渴求没有底线。这就会导致……

赚
多少利润
才 算 太 多？

1
2
3

问题 2：赚多少利润才算太多？

你读这本书的时候也许会生气，因为你会发现那些公司对你购买的商品所收取的费用比生产成本多得多。但是利润是个复杂的话题。公司获得的收入会用于分配给股东以及向银行还贷，我们在整本书中都提到了这一点（并且仅这一点就足够再写一本书）。公司的员工也需要获得酬劳。

假设你制作了一双鞋或一款游戏，你会卖多少钱呢？你觉得相较于你的标价，人们会支付更多还是更少呢？

如果人们愿意支付你开出的价格，那么这个价格是否过高？那些呼吁"自由市场（意思是不由政府管制的市场）"的人主张：提高价格会让消费者到其他地方去寻找更便宜的商品。网上销售就（有一点儿）像这种情况。

但是就像前面说的一样，市场全球化会使这变得更简单，也变得更难。没错儿，现在你可以从全球任何地方购买商品，并且可以让商家送货上门。这会让人们更容易找到便宜的替代品。

但是你购买的商品很有可能和销售它的商店属于同一家公司。如果这家公司是全球化的企业，并且控制着市场，那么它们可以对商品进行任意定价。

不是每个人都持有股票（公司股份）。实际上，研究表明几乎所有的股票都在少数富有的人（约占世界人口的 10%）手里。但如果你有银行账户，你就会间接参与其中：银行会贷款给公司，也会投资股票。

也许可以做个总结了？

你购买一副眼镜是从见验光师开始的。他会让你看一个特殊的图表（美国华盛顿州生产），用验光仪器（美国加利福尼亚州生产）和其他设备检查你的眼睛。当他确定了你需要的镜片后，会把信息发给实验室，那里负责为你定做眼镜。

验光师为你做的检查可能会花费你 100 美元，这取决于他为你做了多少检查。如果你是在眼镜店里验光，那么可能是免费的（他们会把验光的成本折算到店铺的运营成本中）。

验光室里看起来最酷的设备是综合验光仪（在美国纽约州的布法罗生产），这个设备上带有许多刻度盘，它们能让验光师为你的眼睛精确地测量度数。

我们在前文中说过，你买一副眼镜可能要花 400 美元。这笔钱的明细是怎样的呢？以下是我们最好的猜测。

每副眼镜的成本：

镜片	30.00美元
眼镜架	100.00美元
其他配件（抗强光或防刮的涂层等）	25.00美元
商店的成本（设备、原材料）	127.50美元
合计	**282.50美元**
利润（利润率近30%）	**117.50美元**

30.00美元 + **100.00美元** + **25.00美元** + **127.50美元** = **282.50美元**

镜片　　眼镜架　　其他配件（抗强光或防刮的涂层等）　　商店的成本（设备、原材料）　　总成本

我们可以说配一副眼镜所使用的原料（以及在需要的地方获得眼镜的人们）遍布了全球 38538.95 千米的距离。

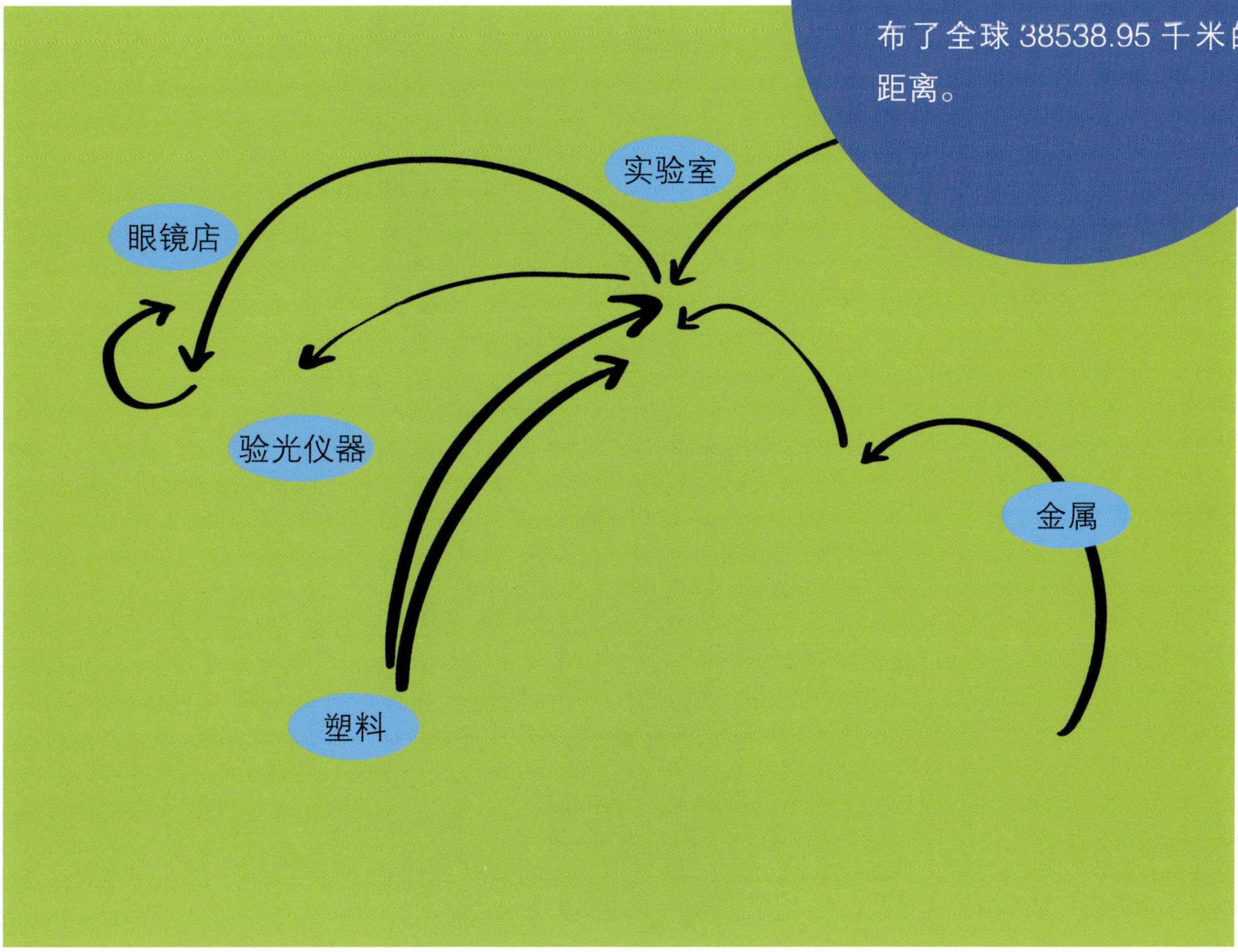

实验室

眼镜店

验光仪器

塑料

金属

在网上购买眼镜架可能会便宜一些，因为电商平台不需要负担运营实体店的成本，但你还是必须处理从拿到你的验光处方到确保眼镜合适这个过程。可能网上购买的眼镜架仍然是由陆逊梯卡公司生产的，也可能是由规模较小的某家中国公司生产的。你会将"亲身体验"配镜换为线上购买吗？

最终的结论

第一部分

全球经济是复杂而庞大的。

我们必须充分地强调：这本书只是对每笔交易中所涉及的复杂问题（经济、道德和个人）给出的介绍。

但最重要的是，我们希望你认识到，人类站在"关系链"的每一个环节上。

你所拥有、购买或使用的每个小物品都来自世界各地成千上万人的辛劳工作和专业知识。

刚果民主共和国的矿工也许没有认识到，他们所开采的铌（钽）铁矿会有助于生产你的手机；中国的农民也不知道他们种植的棉花最终会变成你穿的T恤衫。

但是如果这些人没有完成他们的工作或是做得不好，商品的"关系链"就断了。所以，下次你拉上背包拉链的时候，要感谢巴西的矿工，是他们开采了炼钢用的铁矿石；要感谢在加拿大的钢铁厂工作的工人和在美国新泽西州的拉链厂工作的工人；也不要忘记孟加拉国的纺织厂的裁缝，是他们组装了背包。

对了，还要感谢司机和水手，是他们运送了原材料；以及那些打包成品的工人，是他们的工作保证了商品不会在运往商店的途中被损坏。

也别忘记感谢商店和店里的员工，是他们帮你找到你需要的商品。

不要只是感谢他们……要付钱。

你买的每件商品所付的钱都被拆分成很小很小的部分，分配给很多人。危地马拉纺织厂的裁缝可能需要用他得到的几美元钱来养家。他也许需要更多，但"更多"可能意味着你要为你身上穿的T恤衫付更多钱。

第二部分

你是这个系统中的一部分。

作为一名消费者，你有责任去思考自己在经济活动中所扮演的角色。

卖给你一部 500 美元的手机，手机公司确实可能会获得很多利润，但是生产硅芯片的人只得到了几美元。距离你得到的最终产品越远，分配出去的部分就越少，对于得到它们的人来说就越珍贵。

所以当我们谈到责任的时候，这里有一个可靠的建议：

不要盗窃艺术作品。一位音乐家也许出名又富有，但在音乐工作室里帮他合成最终歌曲的技术人员需要积累从每笔销售中得到的 0.5 美元收入。一位作家也许有名又富有（哈哈！），但是书店店主需要用从加价中赚取的利润来支付工资、供暖费、租金和购买食物。

记住，如果你成为一名工人，你也会进入同样的体系。你希望别人怎样对待你？你希望获得怎样的报酬？

你也许认为自己的工作不像别人的工作那样"重要"，但其实每一份工作都是重要的，每一份工作都能激起波及全球的涟漪。

如果餐厅的洗碗工没有好好洗碗，那么主厨再厉害也没用，因为有人会生病。

计算机芯片实验室的清洁工最好确保实验室里没有灰尘或污垢，因为即使是一点儿小小的污渍也可能毁掉价值数千美元的高科技物品。

如果这本书所用的纸张不合格，油墨会弄脏你的手指，或是书页在翻过一遍之后就散架。

这本书几乎没有触及全球经济的复杂性。但我们希望这一瞥能让你认识到生活在地球上的我们是多么紧密地关联在一起的。

关于作者

凯文·西尔维斯特 希望自己能更懂经济（也许你也希望自己能够这样）——这就是为什么他会和迈克尔·赫林卡这样的聪明人合作，试图弄明白那些复杂的东西。凯文的确很有好奇心，他希望尽可能多地了解每种东西的工作原理——运动、太空旅行、烹饪、自行车、汽车和钱。他还很爱画画。

这使凯文做了很多有趣的事，还出版了很多书。《你买的东西从哪儿来？》是他和安尼克出版社合作的一部作品，他的作品还有《你花的钱去哪儿了？》等。

他也写过小说，还出版过图画书。

凯文每年还要在一百多所学校进行演讲——讲解一些枯燥概念、5秒卡通课堂和猫屎咖啡。

迈克尔·赫林卡 希望自己能更富有创造力（也许你也希望自己能够这样）——这就是为什么他会和像凯文·西尔维斯特这样富有想象力的人合作。

迈克尔是一个非常有能量且有强烈职业道德的人。

白天，迈克尔在乔治布朗学院教授商业课程；晚上和周末，他为多伦多大学继续教育学院进行两个不同的项目。

在空闲时间，迈克尔喜欢与妻子和儿子一起锻炼身体，研究并参与世界上各种类型的运动。